AF261951

L'ITALIE ACTUELLE

L'INVASION A PRÉVENIR

EN CAS D'UNE GUERRE AVEC ELLE

ET D'UNE DÉFAITE DE NOTRE ARMÉE

SUR LA PREMIÈRE LIGNE DE NOS DÉFENSES-FRONTIÈRES

PAR

C. BARLE,

Capitaine au Long cours, second à bord du Vapeur *Georges*,
de MM. Vezian et Cⁱᵉ de Marseille.

DRAGUIGNAN,

IMPRIMERIE DE C. ET A. LATIL, ESPLANADE DE LA VILLE, 4.

1882.

L'ITALIE ACTUELLE

L'INVASION A PRÉVENIR

EN CAS D'UNE GUERRE AVEC ELLE

ET D'UNE DÉFAITE DE NOTRE ARMÉE

SUR LA PREMIÈRE LIGNE DE NOS DÉFENSES-FRONTIÈRES

PAR

C. BARLE,

Capitaine au Long cours, second à bord du Vapeur *Georges*,
de MM. Vezian et Cie de Marseille.

DRAGUIGNAN,

IMPRIMERIE DE C. ET A. LATIL, ESPLANADE DE LA VILLE, 4.

1882.

Marseille, le 1er mai 1882.

A Monsieur le Général de division, de MIRIBEL.

Monsieur le Général,

Permettez-moi, au nom du vrai patriotisme, de vous dédier cet opuscule.

Il semblera très-étonnant pour ceux qui me connaissent depuis long-temps, mais qui n'ont pas été assez initiés aux besoins de la politique du dernier ministère, de me voir vous faire l'hommage de ce travail, dont la philosophie de la politique rationnelle de l'avenir et la moralité de l'histoire du passé sont en contradiction avec vos vues personnelles.

En voici le motif :

Ayant été, par suite, je ne dirai pas, d'une indiscrétion, mais bien d'un mouvement de débordement de cœur et de vérité, dépassant involontairement la limite du secret et de la confidence, d'une personne confidentiellement renseignée qui, au milieu d'un groupe où le hasard m'avait placé, prenait la défense de votre nomination avec l'ardeur d'un devoir à accomplir, ayant été, dis-je, assez heureux pour savoir ce qui s'était passé entre vous et le ministre Gambetta, lorsque vous avez fait mutuellement abnégation de vos opinions politiques, pour ce que vous avez crû être : « Le devoir envers la Patrie », je crois, moi, aussi, de mon devoir, en sincère et honnête républicain, comme vous êtes aussi sincère et honnête dans vos opinions opposées, de démontrer que l'intolérance serait non seulement un défaut et une faute, mais bien un crime de Lèze-Nation, si le parti républicain, par une coupable et passionnée irréflexion, se privait plus longtemps d'une incontestable capacité militaire.

En mettant loyalement votre main dans celle d'un de nos plus grands
républicains, alors premier ministre, et lui disant, en lui présentant
un travail auquel nul de vos collègues n'avait pu atteindre : « Pour la
« Patrie, je n'ai pas d'opinions politiques, » et ce dernier, en vous
répondant : « Votre plan de campagne frappé au coin du génie mili-
« taire et de la science stratégique, ainsi que la loyauté de vos paroles
« m'imposent l'abnégation la plus absolue de mes préférences, et
« dussé-je y perdre une partie de ma réputation, jusqu'à ce que
« les passions n'assombrissent plus la vérité, le bon sens et la lo-
« gique, j'emploierai votre talent, assuré que je suis de la loyauté de
« votre parole et du concours intelligent que vous voulez bien donner
« au plus dévoué de tous les Ministres de la Guerre à nos institutions
« républicaines, sous les ordres duquel vous voulez bien vous placer.
« Tout en l'éclairant de vos lumières, et, lui, à son tour, tout en vous
« protégeant, sous sa propre responsabilité et par l'impossibilité du
« soupçon d'une défaillance politique, contre les égarements ou la
« malveillance que pourra faire naître votre situation, apparemment
« mal établie, mais raisonnablement bien placée, cet acte sera judicieu-
« sement accepté, par la suite, lorsque l'on s'apercevra du résultat
« de la sécurité nationale et du bénéfice militaire qui en proviendra,
« pour le plus grand avantage de la République; » En un mot, en
poussant, l'un et l'autre, le sentiment du patriotisme jusqu'à arriver à
une complète abnégation réciproque de vos opinions politiques, pour
vous trouver unis sur le terrain de la défense de la Patrie, vous avez
donné un de ces beaux exemples que doivent imiter tous les honnêtes
gens, et dont auraient dû mieux s'inspirer nos Députés, si, moins cir-
conscrits dans la zone égoïste et corrompue de l'arondissement poussant à la haine envers un homme, ils s'étaient plustôt préocupés de l'intérêt de la Patrie que de leurs propres positions que le scrutin de liste
semblait menacer.

Voilà, Général, ce qu'il faut que l'on sache, car des faits pareils
sont comme ces matières onctueuses qui servent à adoucir les frotte-
ments des articulations d'une machine, et d'où provient son bon fonc-
tionnement.

Malheureusement, si nous vivons toujours dans les tiraillements de
l'intolérance et que, par suite, nous soyions encore envahis, à quoi
nous aura servi la construction de nos belles écoles, lorsque nous
verrons l'Allemand ou l'Italien venir en chasser la langue de la Patrie !

Il serait temps que nous vissions le vrai danger, là où il est : *Les
Alpes et le Rhin*; car, avec la continuation de cette défectueuse politique dont les Napoléon, et surtout le dernier, ont tellement abusé,

en gaspillant toujours au dehors les forces vives de la Nation, nous serons constamment faibles et, à la première difficulté, nous en subirons la fatale conséquence : Exemple, le Mexique.

Pour moi, un peu moins de politique orientale où l'on cherche à nous faire tomber dans le piége, et un peu plus de politique intérieure et occidentale, c'est-à-dire celle de la bonne organisation de nos défenses-frontières, avant d'aller fanfaronnader ailleurs.

La logique veut que nous ne commençions rien qui puisse nous entraîner à une guerre au-dehors, avant que nous ayions mâté nos voisins par un système défensif qui les fera renoncer à leurs vélleités d'écrasement ou d'épuisement de la France.

Conservons, donc, nos hommes et notre argent, car le nœud gordien de notre politique est sur nos frontières et non ailleurs.

Je fais appel à toute votre bienveillante indulgence pour la correction de ce travail, sous le rapport de l'exécution technique. Veuillez, je vous prie, en apprécier plus tôt le fond que la forme et, encore, plus l'idée générale que les déterminations fixes que je lui ai données, et que vous pourrez modifier sur quelques points, si vous ne les trouvez pas conformes aux régles nouvelles de la science militaire pour la défense à longue distance.

Avec l'espoir que vous le prendrez en sérieuse considération, je vous renouvelle l'hommage de cet ouvrage.

Agréez, Monsieur le Général, mes sentiments dévoués.

BARLE,

Capitaine au long cours. second à bord du vapeur, *Georges*, de MM. Vezian et Cie de Marseille.

AVANT-PROPOS.

Il doit être admis, dans l'art nouveau de la défense des frontières, avec les masses d'hommes et les puissants moyens dont
dispose actuellement la science militaire, que la deuxième ligne
de défenses-frontières soit fortifiée le plus solidement possible et
soit, en même temps, placée le plus stratégiquement que peuvent
le comporter les avantages topographiques et les ressources du
pays où elle est établie.

En effet, la première ligne de défenses-frontières peut facilement être traversée, de chaque côté des belligérants, suivant le
plus ou moins de célérité dans l'attaque ou de lenteur dans la
défense et selon le plus ou moins de capacités stratégiques du
général en chef. Tout cela est soumis, parfois, au nombre d'hommes entrant les premiers en lutte et, même, le plus souvent
encore, à la tactique des premières armées actives luttant entr'elles, au début de la campagne, plustôt par l'adresse et la
ruse que par le choc matériel de leurs puissantes masses.

Mais, il n'en est pas de même de la défense de la deuxième
ligne. Celle-ci doit être, en quelque sorte, considérée comme le
rempart de la Nation, et c'est sur cette ligne, rendue formidable
en forteresses assez rapprochées, suivies et prolongées, que
doit se concentrer l'effort combiné en masse de la Puissance
Nationale, pour servir, soit de base d'opération, si la grande
armée active est victorieuse, soit de base de réserve et de résistance, si, au contraire, elle subit un premier échec sur la frontière.

VIII

C'est là, en un mot, que doit se porter tout l'effort du pays, se trancher le jeu de la guerre et, définitivement, se jouer le sort de la Nation. Car, avec les progrès accomplis dans l'art militaire, une fois la deuxième ligne envahie et franchie, avec les forteresses tombées entre les mains de l'ennemi, quelles que soient la volonté, l'énergie et l'obstination d'un peuple battu et débordé sur ce point, plus rien ne peut arrêter l'invasion. Le courage individuel, les généreux dévouements et les vaillants groupements de défenseurs de tous genres que le Patriotisme peut faire surgir, restent paralysés devant la masse bien armée et disciplinée de l'invasion victorieuse, dont les instruments de précision, manœuvrés en toute liberté, portent les ravages de la mort à des distances considérables.

Partie des extrémités, l'invasion ne doit avoir qu'un but : *Frapper l'esprit de la Nation par la prise de la Capitale.*

Et, comme sous ce rapport, Paris, tel qu'il vient d'être fortifié, présentera à l'ennemi de rudes et périlleuses difficultés, voir, même, de grands dangers, il sera de la plus grande nécessité, pour l'armée d'invasion, de ne faire, vers cette capitale, que des étapes de sécurité, en ne laissant jamais rien au hasard derrière elle.

Puisque l'invasion doit être progressive, c'est dans ce but que tous les efforts de la défense nationale doivent se concentrer pour la rendre la plus lente, la plus longue, la plus difficile et la plus périlleuse qu'il puisse être possible de concevoir, en évitant, principalement, d'éparpiller sur nos frontières, sans discernement stratégique, une infinité de tronçons de chemins de fer, privés de toute protection militaire, dont l'ennemi, en s'en emparant, se servira immédiatement contre nous.

Persuadé que le moment est venu de jeter au grand jour cette terrible appréhension qui ne cesse de m'obséder, depuis que je vois notre unique ligne stratégique de chemin de fer de Toulon à la frontière Italienne se relier, à Carnoules, par un raccordement sur Aix, avec la grande ligne P.-L.-M., dans la vallée du Rhône, ainsi que le Central-Var, en cours d'exécution, traversant ce département, en entier, de Mirabeau à Fayence, et mettant également, la même ligne, de Toulon à Nice, en communication, par Draguignan et les Arcs, avec la grande ligne de Marseille à Grenoble, sans oublier la ligne de Digne à Castellane, que des esprits mal ouverts voudraient faire diriger sur Puget-Théniers, mais que le bon sens stratégique fera descendre sur Fayence, Grasse et Cannes, je crois qu'il est de mon devoir, conséquence d'une conviction sincère, de signaler la situation telle que nous la feront ces voies nouvelles, dans la supposition d'une guerre avec l'Italie et dans la crainte d'une invasion de cette nation chez nous, chose que nous devons toujours faire entrer en ligne de compte, dans les probabilités de la guerre.

Je dois, en même temps, déclarer que nous ne saurions échapper aux reproches d'imprudence et d'imprévoyance, si nous laissions plus longtemps se prolonger une situation qui, en cas d'échec sur nos frontières, pourrait devenir une cause de désastres pour notre pays.

Avant l'adoption de ces divers projets de voies nouvelles, la grande ligne de Marseille à Nice, que Toulon pouvait séparer du reste de la France, offrait de grandes difficultés à une armée envahissante par la solution de continuité que l'immense zône militaire de Toulon présentait à sa marche en avant et qui, tout en paralysant le transport de son personnel et de son matériel, par voie ferrée, l'aurait empêchée de se répandre dans le cœur de la Provence, puisqu'il lui aurait fallu, dans le cas où elle n'aurait pas voulu s'en rendre maîtresse, au moins, l'investir par terre, pour pouvoir venir, ensuite, reprendre péniblement cette même voie vers Marseille, après une immense circonvallation qui l'aurait affaiblie considérablement, tout en lui faisant craindre de grands dangers; car, il faut admettre, pour l'honneur de la France, qu'il ne se serait pas trouvé un Bazaine, avant l'Empire, trahissant aussi lâchement, à Toulon, comme celui-ci l'a fait à Metz.

Aujourd'hui, ces considérations sont changées et, tout en admettant que l'ensemble du nouveau réseau du Var, y compris le le chemin de fer de Digne à Castellane, que l'on devra, sans tergiverser, faire descendre sur Fayence, Grasse et Cannes, au

lieu de le terminer à Cagnes, pour qu'il ne devienne pas, en cet
endroit, une ligne isolée et périlleuse, susceptible d'être enlevée
avec le restant de la grande ligne qu'elle doublerait jusqu'à
Grasse (ce qui me fera dire, un peu plus loin, pourquoi je combats
ce projet), en admettant, dis-je, que ces voies sont excellentes
pour le groupement, la concentration, le ravitaillement et l'attaque de notre armée opérant sur les frontières des Alpes-Maritimes, il faut reconnaître, aussi, que ces raccordements, dans la
situation où ils se trouvent, sans défenses, privés de toute protection et isolés de Toulon, la seule place forte à redouter, ne
sont malheureusement pas autre chose que des bras ouverts à
l'invasion qui, alors, n'ayant plus Toulon à traverser, ni à le
contourner de près, ni, même, à l'assiéger en règle, étendra,
comme une immense pieuvre, ses terribles ventacules sur toute
l'étendue de la France méridionale et, principalement, dans sa
partie Sud-Est.

Devant ces considérations, la nécessité de mettre ces lignes et
embranchements à l'abri de toute surprise que pourrait produire
une première défaite sur nos frontières, s'impose d'une manière
absolue, et nous, gens du Midi, nous en recueillerons les premiers bénéfices ; car, en pensant à l'Alsace et à la Lorraine, mon
âme est attristée, mais où mon cœur saigne, en bon patriote
français, c'est lorsque je songe que des frères, qui ne deman-
dent qu'à venir à nous, sont impitoyablement retenus par une
main de fer qui a nom : Allemagne.

Cette Allemagne, non par le peuple que j'aime et que je res-
pecte, mais par ses Princes et ses Rois que je hais et que je dé-
teste, ne tardera pas à devenir la cause d'un bouleversement
européen, où nous verrons encore les peuples se ruer, comme
des bêtes fauves, les uns contre les autres, par les intrigues
d'une politique qui, tout en s'aidant de cette haineuse jalousie que
l'Italie entretient contre nous, la portera irrésistiblement à se
jeter du côté opposé au plateau de la balance dans lequel nous
nous placerons, dans toutes les questions européennes où il nous
faudra prendre part.

Qui sait, alors, ce que le sort nous réserve, à nous, méridionaux, qui n'avons jamais su ce qu'ont souffert nos frères des départements du Nord-Est de la France, pendant l'invasion de 1870, en face d'une alliance contre laquelle il nous faut absolument prendre nos précautions.

Puisque la lutte contre ces deux nations alliées serait inégale, pourquoi resterions nous dans cette coupable négligence de préparatifs qu'il ne sera plus temps de prendre, lorsque le moment suprême sera arrivé, lesquelles mesures, prises aujourd'hui à temps, nous mettraient raisonnablement sur un certain pied d'égalité ?

Je vais, donc, prouver à nos gouvernants la nécessité de commencer immédiatement ces préporatifs de défense sur notre frontière italienne et je les harcèlerai, de toute la conviction de mes craintes et de toute l'ardeur de mon patriotisme, jusqu'à ce que je puisse les convaincre de la justesse de mes appréhensions, basées autant sur la moralité des faits qui ont précédé et suivi la guerre de 1870 que la perspective de ceux qui semblent vouloir bientôt se dérouler, en Orient, où l'intrigue du trop fameux Bismarck pourrait bien ne pas être étrangère, en poussant l'Autriche à l'absorption des peuples slaves englobés dans la Turquie, pour lui, à son tour, absorber totalement la race allemande qu'il entretient dans cet esprit de gallophobie à outrance que nous connaissons malheureusement trop bien.

CHAPITRE PREMIER.

L'Italie actuelle , qui fut l'œuvre personnelle de l'Empereur Napoléon III , et dont , à tort ou à raison , il fut si mal récompensé, a , depuis son unité Nationale , fait une sérieuse marche en avant, et, si la désagrégation d'autrefois en faisait des peuples divisés entr'eux, quoique de même origine , aujourd'hui la force de cohésion que lui ont communiquée les derniers heureux évènements de leur indépendance, en a fait un peuple homogène et d'une certaine imporportance dont il faut absolument tenir compte.

Les libertés intérieures , les réformes des coutumes abusives et anti-libérales provinciales , détruites sous l'effort de l'unification, le développement du commerce et de l'industrie agricole, surtout, ainsi que l'avancement de l'instruction, sans marcher à pas de géant, n'en font pas moins, chaque jour , de bonnes et sérieuses étapes sur la route du progrès que cette Nation parcourt avec ordre, mesure et raisonnement, ce qui, par le fait , doit l'appeler, dans un avenir peu eloigné, à voir se développer, par le véritable travail producteur de la richesse nationale , les ressources de sa situation privilégiée, dûe à la nature du sol, aux faveurs climatériques et aux avantages géographiques qui mettent cette nation au rang des pays les plus favorisés du globe.

A ce point de vue, cette Nation, si elle conserve, au lieu de les gaspiller, comme semblent vouloir le faire les partisans de la guerre, toutes les ressources et les forces vives de l'activité laborieuse, la seule rénumératrice, ne tardera pas à arriver à ce degré de situation stable et de respectable influence qu'acquièrent les peuples libres, laborieux et intelligents ayant secoué le joug de l'oisiveté, cause de démoralisation et d'asservissement.

Mais il n'en est pas de même, et l'on ne peut en dire autant, de cet ordre, de cette mesure et de ce raisonnement, sous le rapport des revendications patriotiques de cette Nation, de ses aspirations politiques et de ses prétentions historiques. Dans le délire de son triomphe, comme si elle voulait s'appliquer à elle-même, le « *Quos vult perdere Jupiter* » de son plus grand auteur ancien, un orgueil sans frein lui a fait perdre tout sentiment d'opportunisme, à tel point que, manquant de modération, et surexcitée par cet esprit prétentieux, vaniteux et tapageur qui est le caractère propre de son peuple, il est à craindre qu'elle ne se laisse entraîner, à la suite d'intrigues ambitieuses et de passions irréfléchies, à commettre force extravagances, surtout, du jour qu'elle pourra disposer d'un emprunt, (si toutefois elle y réussit), lui fournissant un gros budget de la guerre.

Car, malheureusement, l'Italie a un parti qui, sans être aussi puissant qu'en Allemagne, se promet de le devenir, au moyen de l'accaparement des ressources financières : C'est le parti de la guerre, ayant un Etat-major bien marqué, où figurent les Mezzacapo, les Ferrero et autres, sans compter Garibaldi qui revendique nos départements frontières et dont la vieillesse peut faire excuser les écrits, un peu démodés, c'est vrai, mais qui n'en sont pas moins lus et commentés par une jeunesse ardente, toujours prête à la surexcitation.

Ce même parti possède également une presse passionnée, acerbe, violente et provocatrice. Sans pouvoir dire qu'il domine en Italie, l'on peut craindre que, du jour qu'il pourra s'appuyer sur de fortes assises budgétaires, il ne surgisse violemment, ne s'élève, ne grandisse et finalement ne domine les esprits, en lançant et poussant le peuple Italien, si facile à l'entraînement, à revendiquer, disputer et exiger ce qui, vu l'état, aujourd'hui, d'infériorité et de faiblesse de cette Nation, n'est retardé que pour attendre une occasion plus favorable.

Ce n'est qu'un retard, qu'on le sache bien, de la part de ce parti.

Des officiers du génie italiens sont en ce moment sur le col de Tende, en train de dresser les plans des fortifications à y établir, en attendant impatiemment le résultat de la décision de notre Ministre de la guerre pour pouvoir profiter de l'erreur que des esprits mal ouverts semblent vouloir faire adopter, en patronant la ligne ferrée de Castellane à Puget-Théniers.

Mettons-nous en garde, car nous avons vu ce que peut ce parti de la guerre et quels dangers il nous a fait courir pour l'affaire de Belfort, lors de la libération du territoire. Sans la Russie, nous nous serions trouvés dans une bien dangereuse situation vis-à-vis de l'Allemagne dominée par le parti de la guerre ; ne l'oublions jamais et, quoique nos institutions politiques ne soient pas les mêmes, ne soyons jamais ingrats, en nous souvenant toujours des services rendus par cet État, qui, pour la deuxième fois, a arrêté la passion invétérée du parti de la guerre, en Allemagne, pour le démembrement de notre pays.

Nous ferons toujours preuve d'un grand bon sens politique en entretenant de bonnes relations avec la Russie, au double point de vue de nos intérêts et de la reconnaissance ; car cette force irrésistible, qui a nom : Egoïsme, pousse aussi bien les Nations que les hommes à vouloir s'approprier et, au besoin, prendre par la force tout ce qui peut leur procurer un intérêt quelconque, ce qui fait engendrer ces passions de convoitise égoïste que chacun veut faire prédominer et d'où naissent ces luttes sanglantes auxquelles assiste l'humanité, depuis la création du monde.

Il découle évidemment de ce raisonnement que les meilleurs amis sont ceux qui n'ont pas d'intérêts communs à faire prévaloir, les uns au détriment des autres.

Conséquemment, puisque la France et la Russie auront encore à voir s'écouler de bien longues années, avant de se rencontrer sur le terrain de l'intérêt commun, profitons-en politiquement.

Revenant à la question du parti de la guerre, en Allemagne, je dis que la France avait accepté avec

résignation les conséquences douloureuses de la défaite et exécutait loyalement les terribles charges de la
paix qu'elle avait achetée au prix des plus grands sacrifices auxquels jamais nation n'avait été soumise,
depuis bien des siècles. Elle s'exécutait, dis-je, loyalement, lorsque ce parti s'aperçut, un peu tard, qu'il
avait été plus heureux contre nos généraux incapables
ou traitres, allant en guerre sans plan de campagne et
avec une intendance dépourvue de tous les éléments
nécessaires au suprême appel de la force, que contre
les vieilles et inépuisables ruses de notre grand diplomate, Thiers, leur enlevant, d'un seul coup de
plume, le bénéfice d'une partie de leur conquête,
c'est-à-dire, Belfort, qui était et est encore devenu,
davantage, la menace la plus terrible que l'Allemagne
ait à craindre, si nous pouvons parvenir, surtout, à
trouver un général supérieur et capable de pouvoir
être opposé à de Moltke, s'appellerait-il de Miribel,
même, non partisan de nos institutions républicaines,
pourvu qu'il soit honnête dans ses opinions opposées,
aimant sa patrie et la France, avant tout, et incapable
d'une lâcheté patriotique mûe par des considérations
politiques, en face de la Nation en péril.

Oui, Belfort restant à la France fut une faute immense commise par la diplomatie allemande.

Aussi, vit-on, de la façon la plus inavouable, ce
parti vouloir violemment déchirer le traité que nous
exécutions au pied de la lettre, parce que, disait-il,
la diplomatie allemande s'était méprise en le signant,
alors qu'ils croyaient, eux, nous avoir écrasés pour
plus d'un siècle et qu'ils nous voyaient, contrairement

à leurs prévisions, nous relever avec la persévérance
du courage qui n'a jamais désespéré, ce qui sauva
notre honneur national, grâce au jeune et ardent patriote de 1870, dont les hommes de cœur ne pourront
jamais oublier les généreuses intentions, et grâce,
aussi, à l'immortel diplomate que je viens de nommer
plus haut et dont le monument élevé, à Nancy, à sa
gloire impérissable, nous rappellera l'exemple du dévouement, en perpétuant le souvenir du service qu'il
a rendu à la Patrie, dans ces pénibles circonstances
de la signature du traité et de la libération du territoire.

C'est toujours la rage au cœnr que je pense à cette
infâme déloyauté : j'étais au nombre de ceux qui
s'étaient franchement résignés, tout en constatant que
nous avions été sévèrement punis de l'inconséquence
de nous être livrés à la merci du régime impérial nous
ayant conduits à de pareils désastres, j'étais, dis-je,
au nombre de ceux qui s'était pénétrés de la loyale
exécution de cette dure nécessité, en payant jusqu'au
dernier centime et en se soumettant jusqu'à la plus
petite des obligations imposées.

Mais, après cet attentat à notre existence nationale,
je poussai un violent cri d'indignation, parti du cœur,
qui fit écho dans mon esprit et qui m'inspira ce mépris implacable contre le parti germanique de la
guerre et, même, contre tous ceux qui voudraient
l'imiter, haîne que j'ai reproduite dans une versifica-
tion originale, à strophes monorimées, intitulée : *La
Revanche ou les petits canons de Plombières-les-
eaux*, que je transcrit à la fin de ce travail. Aussi, je

désirerais que ce parti, chez toutes les nations, qui ne croit devoir exister et vivre que pour la destruction, soit anéanti ; car tous ses actes sont empreints d'un caractère anti-fraternel, étant toujours prêt à servir les causes les plus injustes, pourvu qu'elles puissent satisfaire son orgueil et son ambition et, en même temps, donner cours à ses appétits sanguinaires, que les tyrans, les conquérants et les spoliateurs des libertés intérieures savent si bien exploiter.

Malheureusement il sera bien difficile de pouvoir détruire cet esprit de domination que s'est arrogé ce parti, partout où il est puissant, à moins de catastrophes effrayantes, pareilles à celle que nous avons éprouvées, en 1870, et qui, en nous débarrassant de cet esprit militaire liberticide et conquérant, nous a guéris à jamais de ce parti qui dominait dans notre armée impériale, avec ses passions de l'époque, et qui nous aurait infailliblement entraînés dans une catastrophe encore plus grande, sous le rapport de notre constitution sociale et politique, si, au lieu d'avoir été écrasé, d'un seul coup, il eut été victorieux ; car, alors, il se serait prêté, une seconde fois, plus terrible que la première, à tous les complots de l'assassinat politique de la France.

La leçon que ce parti a reçue, chez nous, en 1870, nous aura assurément guéris pour toujours, il faut l'espérer, de cette faiblesse du peuple à accepter la domination du militarisme sur tous les actes de notre vie nationale.

Aujourd'hui, l'armée française, spécialement réservée pour son rôle de garantie de respect, au dehors comme au dedans, accomplit sa mission patriotique avec une abnégation, un dévouement, un esprit de sacrifice, une résignation et, surtout, avec un sentiment d'honneur national, exempt d'égoïsme, dont le relèvement et la grandeur de la France ont à s'énorgueillir. Le pays n'est plus divisé en pékins et militaires, comme du temps de l'Empire, et, si cette séparation n'existe plus, nous le devons au progrès des institutions militaires mieux appropriées à nos nouvelles mœurs démocratiques.

Aussi, est-il un fait incontestable, c'est que notre défaite de 1870 nous a valu la réorganisation d'une armée patriotique, essentiellement nationale et imbue de sentiments populaires, ayant perdu ce caractère séparatiste du reste de la nation qu'avait su si bien exploiter l'Empereur, Napoléon III.

Ah ! si Louis-Napoléon-Bonaparte n'eût pas abusé de cette force ; s'il ne l'eût pas rendue complice de son crime ; s'il l'eût laissée pure de toute souillure ; s'il se fut contenté de rester Président de la République française avec une armée essentiellement nationale, et s'il eût, alors, accompli son programme des grandes agglomérations, en commençant, avec la race latine, sous le bénéfice de la véritable théorie démocratique et républicaine, par la formation de groupements qui seraient devenus, en peu de temps, les Etats-Unis d'Europe, si, dis-je, cet homme, au lieu d'être un récipient de mauvaises passions, eût eu le moindre sentiment de l'honnêteté politique, de combien de déceptions il se fut exempté, que d'amères douleurs il eût épargnées à notre patrie, que de déchirements intérieurs il nous eût évités, aussi bien à nous qu'aux braves républicains de l'Italie, lorsqu'il leur faudra briser la puissance de la royauté s'appuyant sur le parti militaire, fut-elle celle du roi le plus « galantuomo » du monde, et, finalement, quel progrès immense il eût fait faire à la politique fraternelle et conciliatrice des peuples, unis dans le même sentiment d'une démocratie, d'abord latine, celle qui est toute prête à s'élever, la première, à la hauteur de la Révolution française, ensuite, européenne.

Alors les gouvernements, dans un temps plus ou moins long, mais normal, auraient détruit toutes ces forces négatives qui s'opposent au développement de l'entente des peuples, parmi lesquelles figure, au premier rang, l'absence de l'économie politique générale de l'Europe, appliquée à l'ensemble des nations qui la composent, ou mieux, des peuples librement groupés sous le régime des États-Unis d'Europe.

C'est de cette science, seule, qui n'a été jusqu'à ce jour qu'égoistement locale, attendu qu'elle n'a pu encore agir que dans le cercle restreint des rivalités égoistes et opposées aux intérêts de l'ensemble, que les peuples, formés en groupements par la solidarité des principes, pourront, en la prenant dans la plus large acception du mot et en l'appliquant sur la base de ses plus grands résultats pratiques, obtenir cet ensemble de bénéfices et de bienfaits qu'elle n'a pu que procurer partiellement jusqu'à présent, par suite de cette lutte d'intérêts divisés, au lieu d'être réunis.

Les barrières douanières tombées, la soif fiscale des gouvernements s'éteindra, et la richesse commune

européenne, devenue indubitablement plus grande
par le dégrèvement de ces immenses frais généraux
répétés pour chaque pays, se répandra, par une équitable distribution, sur la masse générale qui la produit.

La richesse générale devenue, sous l'effort de l'unification de la production totale et de la distribution
équitable, la base de la prospérité commune, les peuples devront également s'attacher à ce que l'instruction se répande, de plus en plus, afin d'éviter ces
luttes fratricides qui déshonnorent la civilisation,
alors que presque tous les différents se règleraient
pacifiquement, si des intérêts dynastiques ne venaient
compliquer les situations.

Mais, de ces vœux à leur réalisation, il y a bien
loin encore et bien d'évènements surprenants devront
s'accomplir, avant de pouvoir arriver à ce résultat
désiré. En attendant que le règne de la Raison et de
l'Entente des peuples vienne les grouper, dans la Liberté et l'Instruction, par les progrès de l'économie
politique générale des États-Unis d'Europe et que,
par conséquent, l'ère des mesquines rivalités locales
soit à jamais finie, il faudra, avant que les intérêts
élevés prédominent sur les basses convoitises, passer
par bien d'épreuves douloureuses, de violences re-
grettables, de secousses terribles et de haines furieu-
ses faisant appel à la force brutale, ainsi qu'à toutes
ces formes de malveillance que prennent les passions
intéressées, auxquelles sont soumis aussi bien les
peuples que les individus.

Dans ces conditions, et devant ces cruelles épreuves, il est de toute règle que les peuples sages devront tout faire pour les éviter. Mais cette sagesse, les uns la possèdent et l'appliquent, d'autres ne la conservent qu'à demi et beaucoup, tout en la possédant, la mettent de côté pour laisser prendre le dessus à leurs impérieux besoins de cupidité; enfin, plusieurs ne la connaissent qu'à peine ou pas du tout.

Il convient, par conséquent, d'avoir recours à la prudence et c'est cette prévoyance que je viens conseiller, en face de ces intérêts matériels qui seront, pour longtemps encore, la pierre d'achoppement des grands principes de notre Révolution.

Comme la science de l'économie politique générale européenne deviendra la véritable base de cet intérêt matériel, ce grand levier qui fait si facilement mouvoir l'humanité, c'est assurément par là qu'il faut commencer et, pour que les peuples puissent aisément se comprendre, la nécessité d'un langage simple, clair et universellement adopté, s'impose à l'esprit de tout homme qui a pu se rendre compte, par ses nombreux voyages, des tendances au cosmopolitisme qu'entraînent les innombrables relations que l'on se fait dans le monde entier, et de quel puissant secours devient l'avantage que possède un étranger de pouvoir parler la langue de celui avec lequel il entre en relations, soit d'affaires, soit de convenance ou, même, d'amitié.

A cette langue commune, si l'on y ajoute une monnaie unique et des poids et mesures universellement convenus, l'on aura placé les premiers jalons de cette route du progrès que la science actuelle ouvre à l'humanité, au moyen de ces grandes découvertes de rapprochement, telles que distances vaincues, facilités économiques de correspondance, rapidité des voyages avec le confortable le plus recherché, ainsi que tout ce qu'on peut espérer voir bientôt se réaliser par la production et l'emmagasinement, à bon marché, de l'électricité appliquée au développement économique du travail industriel.

Mais, comme avant que cette réalisation n'ait lieu, l'esprit de vue politique saisit la situation future que doit s'assurer la France, dans le bassin de la Méditerranée, par le développement incessant et progressif de son influence civilisatrice qu'elle ne doit, sous aucun prétexte, laisser amoindrir, et que cet esprit de vue fait également entrevoir les conséquences inévitables de cette situation, vis-à-vis de l'Italie monarchique, qui nous jalouse, nous serons fatalement poussés vers des luttes économiques engendrant des rivalités politiques, luttes d'âpreté, d'où naîtront des chocs irritants, lorsque, surtout, ces chocs auront la jalousie pour stimulant, comme cela vient d'avoir lieu pour les affaires de Tunisie, jalousie, de la part de l'Italie, qui a pris naissance depuis notre relèvement et qui doit son origine à une déception.

En effet, cette nation, ayant joué une de ces fortunes peu connues dans les annales des peuples, avec un bonheur inespéré, au moment où la France vaincue, abattue, amoindrie et écrasée, se trouvait à la merci d'un vainqueur impitoyable qui pensait l'avoir jetée à terre pour plus d'un siècle, profita de notre bouleversement pour former à son aise son Unité Nationale.

Elle crut, par ce fait, que sa mission était de nous

supplanter dans le concert européen, étant appelée,
après une léthargie de quatorze siècles, en qualité de
seule et unique héritière de la grandeur romaine, à en
continuer le cours, et ne voulant considérer le concours généreux que lui avait prêté la France, en 1859,
que comme une inévitable conséquence des décrets
providentiels dont celui qui se disait être l'exécuteur,
ne devait être regardé que comme un simple instrument; d'où prit naissance cette ingratitude envers
Napoléon III et, par suite, envers la France.

Se prévalant de ce raisonnement, elle se crédita
immédiatement, sur son grand-livre politique, de sa
dette de reconnaissance envers la France et, avec cet
esprit de vantardise qui forme le fond du caractère
italien, elle se dit : « Bah ! aucun obstacle ne doit
« plus jamais pouvoir m'empêcher d'arriver à la réa-
« lisation de ma perspective; la France est tombée si
« bas que jamais elle ne pourra me forcer à lui livrer
« mon compte courant où ne figure plus ma dette de
« reconnaissance. »

Malheureusement pour elle, elle se trompa et l'emprunt milliardaire de la France, couvert presque dix
fois, qui étonna l'univers, lui fit l'effet d'une douche
froide et vint tempérer notablement cette fougueuse
prétention. Mais, où elle fut forcée de se désillusionner
complètement, ce fut lorsqu'elle vit notre rélèvement
si rapide venir compléter notre si surprenante prospérité.

A partir de ce moment, en plus de son ingratitude,
l'Italie devint jalouse et, lorsque quelques années
après nos désastres, elle vit le parti de la guerre, en

Allemage, nous faire courir le danger d'une deuxième invasion, pour l'affaire de Belfort, elle mit son espoir à nous voir plonger dans de nouveaux malheurs : Ah! ah! disaient les italiens, tout radieux, *questa volta sara la buona et l'ultima strapata; Lo speriamo! »*

Une fois relevée et grande, la France que l'ingratitude de sa voisine, devenue de plus en plus jalouse, avait écœurée, voulut bien passer outre sur la dette de reconnaissance dont son ingrate voisine s'était indûment créditée ; mais elle le fit avec ce mépris dédaigneux pour les faussaires dont on n'a plus rien à espérer.

Mais, le souvenir, acte psychologique plus rebelle à l'oubli que le faux en écritures politiques, vint toujours rappeler à ces gens là : Solférino et Magenta. C'est alors que, pour tout au monde, ils n'auraient pas voulu que ces faits eussent existé, faits qui les forcent à nous être redevables de leur délivrance, de leur indépendance et de leur unité, ce qui les contrarie dans leur orgueil, les gêne dans leurs allures, les embarrasse dans leur fierté, les énerve dans leurs prétentions et les irrite devant le souvenir historique que leur conscience troublée et contrainte leur rappelle, malgré eux.

Sous l'influence de cette irascibilité, que l'influence de la force morale est impuissante à dominer, les Italiens, tant qu'ils ne se seront pas satisfaits par un acte de violence à notre égard, maudiront le jour que nous les avons mis dans la nécessité de devenir nos obligés.

Ces profondes racines de jalousie sont bien faciles

à comprendre, quand on connaît le caractère de ceux qui croyaient avoir payé, à leur manière, bien entendu, non seulement leur dette de reconnaissance, mais qui avaient encore la conviction qu'ils devaient prendre notre place dans le concert des puissances européennes.

Cet esprit de jalousie, qui, depuis, n'a jamais cessé, de grandir et de s'accentuer dans toutes les circonstances où la politique à eu à se montrer, est devenu, lors de notre expédition de Tunisie, une véritable haîne, et, si l'Italie se soumet, en ce moment, à dévorer la honte de son échec politique et à se recueillir dans son humiliation, c'est qu'elle attend que quelques nouveaux évènements viennent nous mailler dans les filets diplomatiques de l'Europe, afin de pouvoir prendre sa revanche politique, excitée, par le parti de la guerre, au cri de sa fameuse colère : « *Italia irredenta* », soit en cherchant l'alliance de quelque grande puissance, soit en lui prêtant son conconrs contre nous.

Comme il n'y a pas de fumée saus feu, dit le proverbe, il est certain que l'alliance Italo-Austro-Germanique dont, il y a près d'un an, avait parlé, le premier, le *Tagglebat*, ne devait nullement nous surprendre, pas plus de la part de l'Italie que de la part de l'Allemagne, sachant bien, quant à l'Autriche, qu'elle n'est plus qu'un satellite gravitant autour de l'étoile Bismarkienne ; car, du moment que nous nous sommes relevés avec cette grandeur qui a dû contrarier aussi bien ceux qui avaient crû nous anéantir, en nous écrasant sous le poids de la charge la plus lourde

que jamais nation n'ait eu à supporter, que ceux qui
qui avaient pensé pouvoir prendre notre place, après
nos désastres, ainsi que notre rang, après de pareils
malheurs, il est plus que certain que ce relèvement a
dû exciter, de plus en plus, l'hostilité d'une politique
jalouse, tant du côté du Rhin que du côté des Alpes.

Je viens de constater des faits, en les généralisant.
Je ne voudrais, cependant, jamais laisser supposer à
ces braves et généreux cœurs républicains, qui sont
très-nombreux en Italie, mais dont les aspirations et
l'élévation des sentiments viennent se briser contre la
résistance des institutions monarchiques de leur pays,
que je n'ai pas su moralement les discerner.

Ne vois-je pas, tous les jours, ces dévoués pionniers
de l'avenir politique et social, dans le journal la *Lega-
Latina*, de Marseille, dépenser une certaine exhubé-
rance d'âme pour arrêter ce courant d'animosités
qu'un esprit malfaisant semble se complaire à jeter
entre les deux peuples le mieux faits pour devoir
vivre de la même vie commune, avec des sentiments
égaux de générosité réciproque? Ce sont des mission-
naires, des apôtres, des ensemenceurs, mais dont les
fruits ne porteront pas de sitôt, et, comme il faut vivre
avec son époque, et que, de plus, les profondes masses
n'ont pas encore compris l'esprit de relèvement des
peuples et sont, même, encore susceptibles de pouvoir se ruer les unes contre les autres, ne connaissant
pas la véritable éducation politique et sociale de la
démocratie, ni l'utilité incontestable de la grande ap-
plication de l'économie politique générale, que les
plus éclairés cherchent avec mille peines et souvent

inutilement à faire saisir et à propager, comme, dis-je,
il faut vivre avec son temps, je crois rester dans mon
rôle, en conseillant le « *Si vis pacem para bellum* »,
tout en me joignant, de tout cœur, à ces vives et dé-
bordantes, mais rares, individualités, dont il faudrait bien se garder d'arrêter l'essor, dans l'intérêt
commun.

Et, puisque les idées saines et civilisatrices d'une
nation ne peuvent venir, d'un seul jet, se loger dans
l'esprit des masses, comme conséquence de la loi naturelle qui a fait l'homme perfectible et non soudaine-
ment développé, aussi bien pour sa vie politique et
sociale que pour sa propre vie privée, il faut savoir
gré à ceux qui mettent leur passion du bien au service
de l'accord et de l'entente des peuples et les encoura-
ger, tout en restant prudents et prévoyants contre les
écarts de ces mêmes peuples.

Et à vrai dire, tout ce qui se passe autour de nous,
doit nous rendre prudents : De grandes convoitises se
cachent sous la question brûlante « des affaires d'O-
rient »; des évènements graves peuvent surgir; des
ennemis, à l'état latent, nous guettent et ces ennemis
sont nos voisins.

Nous devons, donc, jeter les yeux sur nos frontières, avant de nous lancer dans les complications des
rivalités politiques extérieures, d'où peuvent naître
ces désacords diplomatiques donnant naissance à ces
guerres sanglantes dont toujours profitent les nations
prudentes qui ont su se garder et ont eu la bonne prévoyance, au moyen de bonnes finances, de se maintenir sagement, sans dépenses ruineuses, dans cette

situation qu'exprime si bien le dicton : « *Si tu veux qu'on te laisse tranquille chez toi, sois fort.* »

Par ce moyen, nous ne serons jamais à la recherche de ces alliances qui dégénèrent toujours en duperies, où nous sommes, nous, français, neuf fois sur dix, victimes de notre loyauté, de notre confiance, de notre manque de défiance et, surtout, de notre désintéressement proverbial mû par la générosité de notre caractère, ainsi que nous l'avons toujours fait, alors que rien ne peut nous servir de leçon. Réfléchissons et voyons ce qu'à fait pour nous cette égoïste Angleterre, lors de nos désastres, cette nation sans cœur, qui n'a que les entrailles de la Piastre : Rien ! Et, cependant elle a fait afficher, à l'ordre du jour de l'armée et de la marine, en Crimée : « Que nos soldats avaient sauvé l'honneur de la vieille Angleterre, à Inkermann ». Depuis 30 ans nous lui tirons les marrons du feu. Hé bien ! du jour que nous ne serons plus les Ratons, les anglais deviendront furieux et nous menaceront de toute leur colère.

Ah ! si dix années d'expérience bien concluante ne m'avaient pas fourni la preuve que, dans une association avec l'anglais, le caractère français est le facteur le plus défavorable pour lui même, alors que l'anglais en profite en véritable homme d'affaires ; si, dis-je, je n'avais pas cette crainte, qui est devenue chez moi une conviction, pratique et expérimentale, que nous ne pourrons jamais lutter de ruse avec ces gens-là, je déclarerais franchement que nous devrions souhaiter cette alliance, qui formerait un complément parfait : Esprit civilisateur, progrès, force, courage, industrie, **commerce** et richesse.

Mais, sachant que l'intérêt prime tout chez eux, que pour cet intérêt ils font le mobile de leur vie pratique et que là où ils se trouvent, il ne peut jamais y avoir de la place pour deux, quand nous, pour une idée, nous sommes capables de nous lancer dans une conflagration, je préfère écarter l'anglais, dont la politique de sa perfide Albion est devenue proverbiale.

Si, par la force des choses, je dois, malgré moi, accepter une alliance, je la demanderai à la Russie, n'ayant, ni elle ni nous, à nous envier aucun intérêt commun, laquelle Nation, en dehors de cet avantage, professe à notre égard la franchise de reconnaître notre supériorité morale et intellectuelle, et, en plus, nous estime, ce qui vaut mieux, au lieu que l'anglais, lui, tourne nos qualités en dérision, et les subordonne à sa valeur commerciale. Skobeleff : voilà le type Russe du partisan et de l'ami de la France !

L'Italie, malgré la faiblesse de ses ressources, couronne ses sommets alpestres de fortifications :

En 1871, lorsqu'elle vit combien était redoutable l'effet moral produit sur une nation par une invasion brusque et soudaine, à l'exemple de ce que nous venions d'éprouver, une commission de la chambre italienne qui, depuis dix ans, étudiait la question de la défense des frontières avec une lenteur que, seule, la pénurie des ressources pouvait faire excuser, se hâta vivement de proposer un projet de fortifications pour garantir ses frontières, en même temps qu'elle demandait, pour Rome, à la suite du long siège que Paris venait de soutenir, un système de défense en forme de vaste camp retranché, avec quatorze forts détachés, et dont la ville, munie d'une enceinte, ne serait plus que la place centrale.

Dans ce projet, en ce qui concerne leurs frontières des Alpes-Maritimes, là où nous sommes le plus vulnérables, parce que les italiens sont maîtres des points de culmination, leur système défensif consiste à établir, sur le dos d'âne de la partie dominante des dites Alpes-Maritimes, une série non interrompue de forts se prêtant la main, depuis le Col de Tende jusqu'à la naissance des Apennins, vers Acqua-Bianca, de manière à commander, d'abord, toutes les routes et chemins faisant communiquer du versant Sud au versant Nord et, par conséquent, passer du littoral dans les vallées du Tanaro et de la Bormida, puis, ensuite, de foudroyer le chemin de la Corniche dans sa partie la plus serrée, entre Sette Pani et le Col de Cadibona, tout en barrant la route de Savone à Acqui.

C'est de ce système défensif, que m'est venue l'idée de rendre la partie centrale des Maures, dans le Var, aussi infranchissable que la plus forte frontière fortifiée, et d'obtenir, par ce fait, avec les mêmes moyens d'empêchement de communication d'un versant à l'autre, un immense camp retranché ayant Toulon pour auxiliaire, avec lequel il resterait en communication jusqu'à la dernière extrémité.

Le système italien a pour clé la culmination du Col de Tende, où les ouvrages de guerre, une fois complétés, barreront complètement la route de Nice à Coni et balayeront la vallée du Roya en grande partie; d'autres forts, au Saint-Bernard, à Nava, à Melogno, à Cappra-Zoppa et à Acqua-Bianca commencent, dans

les limites du plus strict nécessaire, les principales
barrières. Mais, si les ressources budgétaires le leur
permettent, nous ne tarderons pas à voir cette zône,
depuis le sommet jusqu'au bas du littoral, formidablement défendue.

Vers les Alpes Cottiennes, ils conservent et réparent
leurs anciens ouvrages, tels que ceux d'Exilia et de
Fénestrelles, ces côtés n'étant pas si faciles à être
occupés et franchis par des armées, malgré, même,
les voies souterraines.

Les Alpes Suisses ne sont également pas, pour eux,
l'objet d'un grand souci, et, à part le fort de Bard, vers
la vallée d'Aoste, et quelques redoutes peu importan-
tes, la défense naturelle exige bien peu de travaux.

Je le redis : leur grande préoccupation est sur les
Alpes-Maritimes ; c'est là que le grand choc aura lieu,
et c'est donc, là, qu'il faut, nous, aussi, porter nos
vues.

Hé bien ! si les évènements venaient à nous être
défavorables sur ce point, nous n'aurions plus une
simple roche garnie d'un obusier, jusqu'à la zône de
protection actuelle de Toulon.

Et, alors, comme quatre voies ferrées, sans défense
aucune, se dirigent de Nice vers le cœur de la Provence, en dehors de toute atteinte de Toulon, et que, de
plus, nos troupes ne pourront venir qu'à Toulon pour
se reconstituer, l'ennemi aura beau jeu pour nous
poursuivre, la bayonnette dans les reins, sur un parcours de près de deux cents kilomètres, et puis, une
fois nous avoir enfermés dans cette place forte, il
pourra se servir aussi aisément de nos voies ferrées
que si Toulon n'existait pas.

Voilà le danger qui m'a frappé et que je cherche à combattre.

L'Allemagne se ruine en armements, et, de nos cinq milliards, il y a longtemps qu'elle n'a plus un centime. Avec cet esprit de militarisme dominant tout l'élément gouvernemental de l'hégémonie prussienne, pour arriver à maintenir cette cohésion germanique que, seule, la puissante main de fer de la Prusse a pu constituer, les ressources de la plus riche des nations passeraient par toutes ces dépenses de la guerre, sous forme de paix armée : c'est ce qui est arrivé à l'Allemagne. Mais, tout en se ruinant, elle a établi une ceinture de forts, en avant et autour du Rhin, sur laquelle elle compte beaucoup, en cas de guerre avec la France.

Il convient, donc, que nous nous mettions en garde, attendu que la politique de fer de Bismarck, acculée, sous le rapport financier, à une échéance très-rapprochée, l'a mis dans l'impossibilité de pouvoir se procurer de nouvelles ressources par la paix. C'est assurément à la guerre qu'il aura recours.

Soyons sérieux, devenons vigilants et, surtout, un peu moins de chauvinisme et un peu plus de patriotisme raisonné.

Que faut-il pour cela ?

La logique répond : *Faire de bonnes finances et, avec ce puissant levier, élever défenses contre défenses, et plus encore que les autres, si nos ressources nous le permettent, tout en sauvegardant les intérêts des autres branches de la vie nationale, et, surtout, en ne pas tombant dans l'erreur de notre implacable ennemie, qui a tout sacrifié à la paix-armée, au point de se voir bientôt obligée de jouer son va-tout dans la première conflagration européenne, pour deman-der à la guerre ce que la paix ne peut plus lui four-nir, ou finir par la banqueroute.*

La prévoyance la plus élémentaire nous fait, donc, une obligation, depuis que nous savons, par une dou-loureuse expérience, que tout est possible, lorsque l'on a recours au hasard de la force brutale, de faire, dans le Var, pour la frontière italienne, ce que l'on a fait et ce que l'on fait encore, en ce moment, à Nancy, pour la frontière allemande qui nous a été imposée en 1871, ainsi que ce que l'on a achevé à Langres et sur tant d'autres points pour la deuxième ligne de défen-ses-frontières.

Car, à quoi pourraient nous servir nos grandes voies de communication formées de nombreux chemins de fer, routes et canaux, nos riches maisons de banque et de crédit, nos monuments et nos maisons d'école, ainsi que nos grands travaux de toutes sortes, s'ils étaient, un jour ou l'autre, destinés à être pris, faute de moyens de prudence, par un ennemi qui s'en servirait contre nous, les uns, en lui facilitant l'invasion dans le cœur de notre pays, en lui permettant de faire main basse sur les fonds à sa portée et en lui procurant le plaisir de dévaliser nos richesses artistiques pour s'en faire des trophées, les autres, et ce serait le pire de tous les malheurs, en entretenant des professeurs qui viendraient, comme nous en voyons le malheureux exemple en Alsace et en Lorraine, apprendre violem-ment à nos enfants les éléments d'une langue étran-gère et chasser de l'école celle de la Nation, celle de leurs pères.

Je comprends qu'il a dû être très-beau, pour un Ministre, il y a peu de temps, d'avoir pu faire adopter son projet des grands travaux, en dépensant des centaines de millions, sans aucun souci des conséquences de la guerre, mais ce que je comprendrais encore mieux, ce serait, maintenant, un Ministre de la guerre qui puisse lui faire bien entrevoir qu'avant de se procurer un si beau et si splendide outillage du développement matériel, moral et social de la nation, il aurait fallu, auparavant, qu'il fut sûr et certain de pouvoir le mettre à l'abri des convoitises de nos voisins, lesquels, victorieux, ne se contenteront assurément plus des prétentions émises « Ante-bellum », telles que la Champagne, le restant de la Lorraine, la Franche-Comté, la Savoie, Nice, mais pourraient bien, après notre défaite, nous demander encore l'Algérie, avec d'autres colonies et, finalement, nous obliger à leur compter, peut-être, *dix milliards,* avec l'obligation la plus cruelle de n'avoir d'autre force militaire que la gendarmerie.

De telles considérations feront méditer nos gouvernants et, puisque nous sommes relativement riches, par rapport à nos envieux voisins, nous n'hésiterons pas, j'en suis convaincu, à travailler à notre sécurité, moyennant quelques millions, dont le résultat aura pour effet de calmer aussi bien les sombres et tenaces arrières-pensées qui couvent au-delà du Rhin, que les bruyantes et légères fanfaronnades qui s'épanouissent au delà des Alpes, que ne pourra le faire avec beaucoup plus de certitude notre généreuse propagande des idées nouvelles, et que l'apostolat des natu-

res d'élite qui s'y sont vouées, ne parviendra à faire
pénétrer dans les masses qu'avec le temps et, surtout,
qu'avec force patience et persévérance.

Puisque nous avons hérité des fautes de l'Empire,
qui a créé les grandes agglomérations monarchiques
absorbantes autour de nous, il n'y a pas d'illusions à
se faire; il faut nous résigner et chercher à en atténuer
les conséquences, avec le moins de chances défavorables, en nous mettant en garde, par de sérieux ouvrages défensifs, contre l'alliance Italo-Germanique,
alliance très-facile à comprendre par le seul effet de
la prépondérance politique que veut se créer l'Italie
sur la Méditerranée, avec le concours de l'Allemagne,
au détriment de la France, lutte qui ne pourra dispa-
raître que par la puissance, sans conteste, commerciale, politique et militaire de l'une ou de l'autre de
ces deux rivales méditerranéennes « Alea jacta est ».

CHAPITRE SECOND.

En jetant les yeux sur la carte de l'Etat-Major du département du Var, l'on est frappé des ressources stratégiques que peut procurer la partie méridionale de ce département, connue sous le nom de montagnes ou forêts des Maures et comprise entre la rivière de Gapaud, près d'Hyères, et celle de la Siagne, vers la Napoule, n'ayant qu'une simple solution de continuité, à Fréjus, occasionnée par la rivière d'Argens et ses terrains d'alluvions, où l'on devrait établir, naturellement et sans beaucoup de frais, le plus immense des champs de manœuvre, et où toutes les armées du midi de la France pourraient y venir manœuvrer et s'y concentrer. Les incontestables avantages topographiques réunis dans cette zône des Maures m'ont conduit à développer un système de défenses-frontières qui doit nous procurer la sécurité la plus complète sur nos frontières d'Italie, une fois terminé, et nous permettre, alors, sans souci de ce côté-là, de nous occuper, sans relâche, de notre défense territoriale, du côté du Rhin.

Ce système consiste à relier Toulon, par le versant sud des Maures dont la plus grande partie forme le littoral du Var, au moyen de forts suivis, prolongés et soutenus, jusqu'à la limite du département des Alpes-Maritimes, vers la partie orientale du massif de l'Estérel, lequel, quoique semblant détaché de la chaîne des Maures, par les plaines de Fréjus, en fait encore partie par la configuration et la constitution de son sol, de manière que cette partie avancée représente « l'avant-garde » de ce système, la chaîne proprement dite des Maures, comprise entre Roquebrune et Hyères, en constitue le « Centre » et la zône militaire de Toulon en forme « l'arrière-garde ».

Le plan du Var, que je joins à ce travail, avec la position des forts, fera mieux connaître qu'une longue description l'ensemble de ce système pouvant abriter une étendue de terrains d'une longucur de plus de cent kilomètres.

Mon but unique étant d'arrêter l'invasion, je ne m'occuperai pas des moyens d'attaque, qui sont toujours excellents, lorsque l'on réussit et que l'on est victorieux sur la première ligne de défenses-frontières, quelques défectueux qu'ils aient, même, pû être.

Ce que je préconise, c'est, tout en étant un solide système de protection pour la deuxième ligne de défenses-frontières, un bon système défensif qui forcera l'ennemi, quoique victorieux, à prendre telle ou telle route, en nous laissant le choix de l'attaque, sans embarras, ayant pour nous les points et les moments le plus favorables, prévus et combinés, lorsque cet ennemi se trouvera engagé à point pour se faire ou écraser sur place, s'il lutte à outrance, ou couper, s'il se débande de sa base d'opération.

Lorsqu'un général, soit par sa faute, soit par l'écrasement du nombre, se trouve vaincu ou sur le point de l'être, son premier soin est celui de s'assurer une bonne retraite sur la deuxième ligne de défenses-frontières, que chaque pays doit, aujourd'hui, posséder, dans un ensemble de formidable puissance concourant à la résistance nationale.

L'un des plus grands soucis que doivent avoir nos hommes de guerre, c'est bien, certainement, celui de pouvoir se ménager une sûre retraite, quoique devant toujours, malgré la défaite, opposer une opiniâtre résistance jusqu'à ce qu'ils aient rallié, concentré et mis à l'abri leurs armées dans la deuxième ligne.

Les grandes voies de communication entre ces deux lignes, telles que routes nationales et chemins de fer, doivent être un sujet constant de préoccupations pour nos gouvernants, et le talent de savoir bien disposer la création des voies ferrées pour l'attaque, en première ligne et pour la résistance, en deuxième ligne, doit figurer au premier rang de la prévoyance.

C'est, donc, entre Toulon et la Napoule que j'établis ma deuxième ligne de défenses-frontières.

D'abord, une condition qui s'impose d'une manière absolue, c'est la création, ou mieux, la continuation du chemin de fer de Hyères à Fréjus, par la vallée de la Molle, Cogolin et Sainte-Maxime, en ligne directe, le plus possible, ressemblant à un bras puissant que Toulon pourra étendre, de toute sa vigueur, sur les flancs et, même, sur les derrières de l'ennemi supposé victorieux, mais tenu à l'écart par une série de forts placés sur le dos d'âne de la chaîne des Maures, aux points les plus culminants de domination des routes et passages faisant communiquer le versant Nord avec le versant Sud.

Ce dernier versant, devenu, de la sorte, impénétrable pour une armée victorieuse occupant le centre et le nord du département, se prêtera à toutes les opérations de la résistance et, mieux encore, à celles d'une coopération maritime par Saint-Tropez et Sainte-Maxime, qui deviendront les ports de ravitaillement de l'armée manœuvrant dans les Maures, à l'abri de toute attaque.

Je ne parle pas, pour le moment, du projet rationel qui consisterait à fermer le fond de la baie de Saint-Tropez par une jetée partant du cap Croisette, un peu à l'ouest de Sainte-Maxime et venant se terminer au môle de Saint-Tropez, laissant une entrée, vers le milieu, que défendraient des musoirs formidablement armés, alors que des batteries placées aux extrémités de l'entrée du golfe, ainsi que la citadelle actuelle de Saint-Tropez, empêcheraient l'accès du dit golfe aux navires ennemis. Alors une escadre ou une division se trouverait parfaitement abritée, pourvue, ravitaillée et soutenue par le chemin de fer de Cogolin, recevant tout de Toulon, matériel et personnel, avec autant de facilité, comme si ce ravitaillement se faisait sur rade même de Toulon.

Voici les six passages qui font traverser le massif central des Maures, du versant Nord au versant Sud, compris entre Roquebrune et Pierrefeu :

1° A l'Est, la nouvelle route en construction d'Hyères à Fréjus, le vieux chemin communal de Sainte-

Maxime à Roquebrune et le chemin de fer projeté viennent se réunir près du cap des Issembres. Un fort, placé sur l'élévation qui commande cette jonction, empêchera, par l'Est, l'entrée du versant Sud du massif central des Maures; c'est une défense sérieuse qu'il conviendra d'établir sur ce point, pour ne pas être pris en enfilade.

2° La route de Sainte-Maxime au Muy, de grande communication, bien entretenue, quoique peu fréquentée, est dominée, vers Grateloup, par un mamelon très-élevé, appelé le Grand-Suy, lequel, avec peu de travaux, formera une excellente barrière. Le mont Peygros pourrait également servir, suivant l'appréciation du génie militaire.

3° Du Plan-de-la-Tour au Luc, il existe un petit chemin communal, mal entretenu, passant près de la montagne de Colle-dure. Un petit fortin suffira pour le défendre.

4° La belle route départementale du Luc à Saint-Tropez passe par le col de la Garde-Freinet, que domine et surplombe un rempart naturel, dont la possession par les Sarrasins, qui l'appelèrent Fraxinet, leur valut cette longue occupation leur permettant de porter leurs déprédations jusqu'au delà des plaines de Vidauban et du Luc. Le village de la Garde-Freinet offre suffisamment les ressources nécessaires pour pouvoir y tenir une garnison et y défendre, avec le concours d'un ouvrage de guerre placé sur la culmination, toute approche de l'ennemi, lequel, assurément, tentera toutes les ressources et emploiera tous les efforts pour se frayer un passage par ce col, le seul qui mène facilement à Saint-Tropez, par les immenses et riches plaines de Cogolin et de Grimaud.

5° Plus à l'Ouest, vers Collobrières, se trouve le point le plus élevé de la chaîne des Maures, appelé : la montagne de Notre-Dame des Anges. Un sentier communal, de Gonfaron à Collobrières, passe un peu dans l'Est de cette montagne, par le col de la Sauvette, tout près d'un pic presque égal, en hauteur, à celui de Notre-Dame des Anges. Une solide fortification contenant des pièces d'artillerie de la plus longue portée possible, devra couronner le sommet de Notre-Dame des Anges, afin de pouvoir commander la route de Collobrières, ainsi que la vallée de l'Aille prenant naissance entre Pignans et Carnoules et ne commençant son large développement qu'à sa sortie de Gonfaron, et, aussi, afin de pouvoir défendre, en même temps, les environs de Carnoules, au moyen de quelques ouvrages de moindre importance placés sous sa protection, par gradations successives. Avec une forte garnison à Carnoules ou, même, contenue dans les forts, cette troupe pourra porter ses coups, aussi bien dans la vallée de l'Aille que dans la vallée de la Molle, dans le cas où celle-ci serait menacée, et afin d'abriter le chemin de fer de Hyères.

6° Une sixième et dernière communication part de Puget-Ville et vient aboutir à Pierrefeu. Puisque cette voie se trouve à l'ouest de Carnoules, la protection de cette dernière station couvrira indubitablement la route de Pierrefeu.

Comme on le voit, moyennant trois solides forts et quelques petits fortins pour le Suy, Colle-dure et la

partie basse de Notre–Dame des Anges, près de Carnoules, et deux autres forts dont il sera parlé un peu
plus loin, vers Bormes et Collobrières, le chemin de fer
de Toulon à Fréjus, par Cogolin, ne pourra jamais être
attaqué, tant que les forts de Carnoules résisteront,
et, par son débouché dans les plaines de Fréjus, il
devieudra, comme je l'ai déjà dit, le brás droit allongé
de Toulon agissant dans la plénitude de la sécurité.

Dans cette grande plaine de Fréjus, toute la résistance nationale peut y être concentrée, s'y grouper,
s'y rallier, y manœuvrer et s'y reconstituer très–librement, au besoin. Mais, pour cela, il faut que cette
zône soit inattaquable, aussi bien par l'Est que par le
Nord et le Nord-Ouest. Il faut, donc, que le terrain
compris sous la forme d'un triangle, presque équila-
téral, dont la base mixtiligne serait le littoral, le
sommet, Fayence et les deux côtés iraient finir, l'un,
à la Napoule, l'autre, aux Issembres, soit défendu par
de bons ouvrages barrant les grandes voies et par des
obstructions encombrant les défilés.

Le massif de l'Estérel devant jouer le rôle d'avant-
garde, sera, par conséquent, solidement défendu et
toutes les issues qui pourraient donner accès à l'entrée de l'ennemi dans les plaines de Fréjus, seront
obstruées. Pour cela, la grande route nationale de
Cannes à Fréjus, qui traverse l'Estérel dans toute sa
longueur, et le chemin de fer, qui en contourne le
littoral, en entier, seront barrés, la première, par un
mamelon fortifié, dominant ladite route entre la Napoule et l'auberge des Adrets et protégeant, en même
temps, un second fortin placé un peu au dessous,

près de la Napoule, et dont le rôle consistera à garder le tunnel qui est à proximité, devant, même, le faire sauter, dès que nos dernières troupes auront passé en dedans, tout en empêchant qu'aucun travail de reconstruction ne soit entrepris par l'ennemi. Dans la guerre de 1870, le lendemain de Reischoffen, si pareille précaution avait été prise pour le tunnel de Saverne, l'invasion aurait eu à compter avec une difficulté qui l'aurait fortement gênée pour continuer sa marche si rapide sur Metz, en forme de demi-cercle, et, de plus, si le fort préposé à sa défense eût eu une certaine solidité, il en aurait empêché le déblaiement et la réparation et, par suite, il aurait complètement obstrué la grande ligne d'Allemagne en France, dont il eût été impossible à l'ennemi de se servir, comme il le fit si facilement, pour le transport de son matériel de siège autour de Paris.

Comme conséquence de ce raisonnement, je suis un grand partisan de fortifier les entrées des tunnels, pour les chemins de fer des frontières, afin de pouvoir toujours les obstruer, au besoin, et en empêcher la réparation par l'ennemi. Ce n'est que par ce moyen, comme je l'ai déjà dit précédemment, que l'on force l'ennemi, quoique victorieux, à venir prendre et se servir de telle ou telle route ou communication que vous lui imposerez, s'il veut continuer sa marche envahissante ; et, si, dans le cas contraire, il ne veut rien laisser au hasard, il se verra alors obligé de tout attaquer de front et de ne faire le siège en règle de toutes les positions défendues, qu'au fur et à mesure qu'elles tomberont en son pouvoir, ce qui arrêtera l'invasion soudaine, cause terrible de démoralisation d'une nation, et procurera à celle-ci le temps nécessaire pour concentrer la résistance nationale.

Donc, l'ennemi, que je suppose victorieux sur nos frontières et à la poursuite des débris de notre armée, se trouvera totalement arrêté sur l'Estérel. Force lui sera de se rejeter sur Grasse, pour venir y chercher la route départementale dont la bifurcation sur Draguignan et sur Castellane se trouve près du village de Fayence ; il y fera écouler la grande masse de son armée et de son matériel, tout en cherchant à faire enfiler, également, par ses colonnes mobiles, les petits chemins mal entretenus de Tanneron et d'Auribeau, qui viennent se jeter sur la route de Montauroux à Fréjus, par la vallée du Reyran, passages et défilés que l'on peut rendre très-dangereux, moyennant quelques obstructions fortifiées. Également maître du chemin de fer de Grasse à Draguignan et à Castellane, si rien, dans la partie Nord, ne s'oppose à ce grand mouvement tournant, les plaines de Fréjus pourront encore être attaquées par le Nord et le Nord-Ouest, surtout, si l'on laisse Draguignan et les Arcs sans défenses avancées.

Mais, à première vue, la position de Fayence indique que c'est là que doit être établie la clé du système de défense de l'Estérel ou, mieux, de ce massif d'avant garde, comme je l'ai désigné ci-devant.

Il faudra, par conséquent, faire de Fayence une ville de guerre de premier rang, protégeant la bifurcation des routes de Draguignan et de Castellane, ainsi que la pareille bifurcation du chemin de fer prenant, en cet endroit, les mêmes directions que ces routes, de manière à ne laisser libre que la seule route de Grasse à Castellane, par Saint-Vallier, belle voie, bien entretenue, mais très-accidenté et bordée de précipices, que l'ennemi n'osera jamais entreprendre de suivre, par suite des dangers qu'offre son isolement, avant de s'être emparé de Fayence, ainsi que de tout le front de défense établi entre Fayence et la Napoule, faisant face à la rivière de la Siagne et au chemin de fer de Cannes à Grasse, que cet ennemi sera bien obligé de venir prendre, en vue et presque à portée de nos défenses; ce qui présentera certains périls, tant qu'il ne se sera pas rendu maître du massif de l'Estérel fortifié et obstrué. Voilà pourquoi j'appelle l'attention de nos gouvernants sur cette considération et viens les prier de s'opposer à ce que nul tronçon de chemin de fer ne dépasse Grasse, dans l'Est, pour venir se souder, soit à Cagnes, soit au Var, parce que cela donnerait à l'ennemi une double voie en sa possession, pour l'attaque de Fayence, sans être obligé de venir prendre le raccordement de Grasse près de la Napoule.

Mon premier soin consiste, donc, à rejeter l'ennemi, quoique victorieux sur nos frontières, dans le Nord de Fayence, sur un pays énormément accidenté, peu favorable aux grandes opérations militaires, tout en conservant pour nous la partie riche, fertile et propice à toutes les combinaisons de la résistance, et je pourrais, même, dire, de l'attaque sur la partie reconnue la plus faible de l'invasion, qui cherchera, dans cette situation, autant à se garder qu'à nous envelopper.

Pour tout prévoir, dans le cas où l'ennemi, prévoyant la faiblesse de sa situation, vers le Nord de Fayence, n'agirait en masse que contre les obstacles placés sur le front de défense de l'Estérel qui barrent les voies donnant accès dans les plaines de Fréjus, et qu'il viendrait, malgré nos efforts, à s'en rendre maître, il faudra absolument l'arrêter, alors, dans ces mêmes plaines de Fréjus, pour qu'il ne puisse pas les franchir, vers l'Ouest, et ce sera très-facile.

Entre le Muy et Roquebrune, s'élève un énorme masse isolée de la chaîne des Maures et formée d'un amoncellement très-élevé de roches compactes, imitant un véritable Gibraltar terrestre, dominant la vallée d'Argens et pouvant arrêter, une fois bien fortifié, toute armée qui voudrait s'y aventurer pour avancer sur les Arcs, où vient se souder l'embranchement de Draguignan et du Central-Var

La nature semble encore tout avoir prévu, et, comme, entre Fayence et le Gibraltar ci-indiqué, l'espace est trop écarté pour que ces positions puissent se donner la main, il se trouve vers le milieu de cette séparation, un peu au Sud de Bagnols, une montagne longue, également isolée et dominant toute la partie centrale, qu'elle pourra couvrir de sa protection, au moyen d'une fortification donnant la main à Fayence, dans le Nord, et au Gibraltar, qu'on appelle: tête de Roquebrune, dans le Sud, de manière à rendre infranchissable le ruisseau de l'Endre, tant que ces trois positions, qui, avec le fort des Issembres, forment le côté Ouest du triangle dont il a été parlé, ne seront pas au pouvoir de l'ennemi.

La partie centrale des Maures ayant déjà été traitée, il ne me reste plus qu'à parler de Toulon, que j'ai appelé : L'arrière-Garde. Mais, en face d'hommes aussi compétents que ceux qui se sont occupés et s'occupent, chaque jour, de la défense de l'immense zône militaire de cette ville, j'ai une certaine hésitation à aborder ce sujet. Aussi, je ne parlerai que de ce que je crois le plus strictement nécessaire pour compléter mon système défensif :

Ayant laissé Carnoules protégé et totalement mis en sécurité par le fort et ses dépendances de Notre-Dame des Anges, j'ai négligé la protection de cet embranchement par le côté Nord, dans le cas où l'armée ennemie, totalement victorieuse sur la partie centrale du Var, descendrait, par Brignoles, sur Carnoules, cherchant à s'emparer, non seulement de cet embranchement sur Aix, mais encore de la partie de la grande ligne comprise entre Carnoules et Solliès-Farlède, ce qui lui permettrait facilement de se jeter sur les Salins d'Hyères, par les dernières pentes des Maures finissant vers Pierrefeu, au-delà duquel village coule, dans une belle plaine, la rivière de Gapaud.

Pour parer à cet inconvénient, les premiers contreforts bas alpins qui commencent immédiatement avec la ligne de Toulon à Nice, laquelle est placée à leurs pieds, entre Carnoules et Solliès-Farlède, devront être couronnés sur quatre points, à partir de Coudon, par quatre forts se donnant la main jusqu'à Carnoules ou Pignans, afin d'empêcher une irruption de l'ennemi, par le Nord, sur la partie basse et finale des Maures, lui permettant de venir couper la communication par chemin de fer, entre Hyères et Fréjus.

Dans le cas où cette communication viendrait à être coupée, vers les Salins d'Hyères, et, afin que l'ennemi ne puisse se rabattre , de ce point , sur la vallée de la Molle , il sera placé , entre Notre-Dame des Anges et Bormes , deux forts, l'un vers Collobrières et l'autre sur Bormes même , pour garder le col de Grateloup , le seul et unique passage pour rentrer dans la vallée de la Molle : ce col obstrué devient infranchissable , attendu que le chemin de fer doit le traverser également en tunnel. Et, alors, le versant Sud des Maures, à partir des Issembres jusqu'à Bormes , ne sera plus qu'un immense camp retranché abrité de toutes parts; et l'on se demande si l'ennemi pourra se maintenir victorieux , sur Hyères, sous la compression de ces deux immenses et puissantes zònes : Toulon et le versant Sud des Maures, tous les deux formidablement défendus.

RÉCAPITULATION.

1° Pour la défense de l'Estérel , ou avant-garde.

1° Un fortin , près du tunnel de la Napoule ;
2° Un fort solide, un peu au-dessus et plus avancé sur la route de Cannes à Fréjus, la barrant complètement ;

3° Un fort, un peu au Sud-Est de Tanneron, faisant face à la Siagne;

4° Un fort, à cheval sur la route de Grasse à Fayence et de Fréjus à Montauroux, un peu au Sud de ce dernier village;

5° Fayence, forteresse de premier rang;

6° Un fort sur la montagne au Sud de Bagnols;

7° Le Gibraltar fortifié.

2° Pour la défense du versant Sud des Maures ou le centre.

1° Un solide fort commandant, au-dessus des Issembres, sur le littoral, la jonction du chemin de fer de Hyères à Fréjus, de la même route et du chemin communal de Sainte-Maxime à Roquebrune, par le torrent de Fournel;

2° Un fortin, au Suy, commandant la route du Muy à Sainte-Maxime. Cette route prenant naissance près du Gibraltar, n'est pas dangereuse, à cause de cette proximité;

3° Un fortin, à Colle-dure, balayant le chemin du Luc au Plan-de-la-Tour;

4° Un ensemble de fortifications, à la Garde-Freinet, avec garnison dans ce village, barrant la route principale du golfe de Saint-Tropez;

5° Un fort de domination, à longue portée, à Notre-Dame des Anges, protégeant l'étroite vallée de l'Aille où passe la voie ferrée, et ayant des ouvrages défensifs jusqu'à Carnoules;

6° Deux forts, l'un vers Collobrières et l'autre au-dessus de Bormes, comprenant dans leur intervalle le col de Grateloup, le seul et unique passage pouvant donner accès dans la vallée de la Molle à une armée cherchant à se rabattre sur Saint-Tropez par l'Ouest. (Les fonds sont cependant votés pour mettre Cavalaire en communication directe avec Bormes par le littoral, mais les travaux ne seront terminés que dans un temps très-long, et le fort de Bormes commandera cette petite voie).

7° La réparation de la citadelle de Saint-Tropez avec nouvel armement à longue portée, ainsi que l'armement des batteries de l'entrée du golfe avec des pièces de gros calibre, en attendant que la question de la grande jetée fermant le fond du golfe ait été résolue et, par suite, que la construction de quelques ouvrages de protection soit autorisée.

3° Pour la défense de la zône militaire de Toulon.

1° L'ensemble général des fortifications existantes ;

2° Plus, quatre forts placés sur les parties élevées qui dominent le chemin de fer, entre Carnoules et Coudon, sur la partie Nord, tout en laissant au génie militaire le soin de juger si, avec ce prolongement de forts, il ne serait pas nécessaire de garnir le sommet le plus élevé des environs de Toulon, dans la partie Nord, appelée : « le Grand Cap », d'un puissant ouvrage de commandement.

Les dépenses qu'occasionnerait l'ensemble de ces travaux ne peuvent être fixées, d'une manière absolue. Mais, en se basant sur des données assez justes, pour la construction des forts, avec logements, routes d'accès et autres accessoires, y compris le matériel d'artillerie, l'on peut estimer une somme totale, maximum, de **cent millions**.

Quant au chemin de fer d'Hyères à Fréjus, il est certain qu'en face des intérêts qui viennent de s'établir dans le golfe de Saint-Tropez, l'achèvement de cette ligne ne peut être différé : De puissantes sociétés s'organisent, en ce moment, pour faire du golfe de Saint-Tropez, dont la position est exceptionnellement plus belle que partout ailleurs, un des plus beaux séjours de la Provence, au milieu d'un golfe qui, à part la rade de Toulon, n'a pas son pareil sur nos côtes.

La mission du gouvernement est, donc, tout en agissant dans l'intérêt général de la sécurité de la nation, de favoriser cet essor qui vient de faire sortir de l'inconnu un petit coin de terre resté oublié ou dédaigné jusqu'à ce jour, par suite du complet isolement dans lequel a été et est encore ce beau pays, faute de voies ferrées, et de faire, pour cela, voter l'achèvement de cette ligne, à bref délai, attendu que le tracé est déjà fait et que peu de variantes ne peuvent se produire, quand on le vérifiera, pour obtenir la bonne condition d'une voie stratégique, d'abord construite en droite ligne, le plus possible, pour abréger la distance et, ensuite, s'il le fallait, aidée d'un ou de deux petits embranchements pour favoriser les parties latérales de ce parcours ou avoisinantes du golfe, lesquelles, à la suite d'un grand projet de création actuellement en vue , ont acquis et vont acquérir encore davantage, une augmentation de valeur considérable.

En résumé, nous sommes riches, les fonds abondent, la fortune semble nous sourire, après tant de malheurs que nous avons su supporter avec une grande dignité. Nous commençons a être sérieusement écoutés et nous commandons un certain respect à ceux qui avaient crû pouvoir l'oublier pendant notre période de recueillement qui suivit nos désartres. Hé bien ! si quelques millions peuvent nous donner le repos moral et matériel et nous assurer la tranquillité unie au respect qu'impose toujours avec plus d'efficacité, dans le siècle où nous vivons, la force brutale que la force morale, pourquoi hésiter ?

C'est un cas de conscience que je soumets, ici, publiquement, à nos gouvernants et à nos représentants, en face de la nation attentive à leurs réponses, d'où peut sortir l'œuvre la plus utile, la plus sérieuse et la plus grandiose qne n'a pas encore créée l'esprit de conservation et de patriotisme, dans le Midi de la France, et, sans jalouser ce qui s'est fait, à Langres, dont l'utilité serait, à beaucoup de points de vue, plus contestable que pour la question que je traite, je trouve que la commission de la défense des frontières s'est, par trop, jetée sur ce point intérieur, qui est bien loin d'avoir l'importance d'une position stratégique comme celle de Toulon, dont il faudra étendre la zône militaire aussi loin que possible.

Voyant, de plus, que, depuis quelque temps, l'on demande des crédits pour construire des fortifications, en Corse, je ne crois pas trop me hasarder dans la voie des prétentions, en croyant que la priorité sera accordée à mon système basé sur un grand intérêt national, lorsque l'autre est circonscrit à un intérêt local. L'on pourrait en dire autant de certains autres points dont l'utilité est bien inférieure à mon projet, que l'on ne doit plus hésiter à adopter, depuis le per-cement du St-Gothard, qui va permettre à l'ingrate Italie de pouvoir plus facilement se jeter dans les bras de son séduisant amoureux, le chancelier de l'Empire Allemand.

Que l'on ne croie pas que la Suisse puisse jamais empêcher les frénétiques plaisirs que l'œil ardent de cette voluptueuse nation désire assouvir, avec toute la passion de l'égarement, dans les embrassades du ro-buste Teuton : Elle est trop faible pour pouvoir s'y opposer.

Il faut, conséquemment, nous poser en face de cette alliance et raisonner avec le froid calcul que peuvent produire les événements, dans l'hypothèse d'une guerre contre l'Allemagne alliée à l'Italie ou contre celle-ci alliée à l'Allemagne, ce qui est la même chose.

Il faudra forcément diviser nos forces, et c'est au moyen du système de défense que je viens d'expliquer, que nous pourrons suppléer au nombre de combat-tants dont nous aurons besoin, en cas d'un échec sur nos frontières italiennes, pour repousser l'invasion de ce côté là, alors qu'il nous faudra porter également le plus d'hommes possibles sur le Rhin, par où nous serons attaqués, du côté de l'Allemagne. C'est de cette distribution intelligemment répartie que doit dépendre le bon résultat de pouvoir parer aux deux attaques simultanées.

Cette dispersion de nos forces nous met dans une faiblesse numérique, par rapport à l'Italie, dont nous aurions à supporter le poids de toute son armée sur un seul point. Mais cette faiblesse numérique serait vite compensée par les moyens de défense que nous lui interposerions et qui nous permettraient, en cas d'un premier recul, de l'arrêter net, sur la rivière de la Siagne, aux premiers accidents de terrains de la partie orientale du massif de l'Estérel, en nous procurant l'avantage de pouvoir lutter toujours un contre trois, nombre minimum exigé pour une grande circonvallation et, même, parfois, dans certaines positions, un contre cinq.

Deux cent cinquante mille hommes manœuvrant, en toute sécurité, dans la zône comprise entre Toulon et la Siagne, tiendront facilement tête aux cinq ou six cent mille hommes que l'Italie pourra mettre sous les armes. De plus, un corps d'armée de cinquante mille hommes cantonnés dans les environs d'Embrun arrêtera toute tentative de l'ennemi de vouloir pousser des reconnaissances de fourrageurs vers le Nord, dans la direction des Basses et Hautes-Alpes, par la route de Grasse sur Castellane, sans l'empêcher de garder les cols, les pics et les passages des Alpes, sur les frontières de cette région.

Il est certain que, s'il fallait actuellement à l'Italie passer immédiatement du pied de paix sur le pied de guerre, à peine pourrait-elle former six corps d'armées réunis au complet, avec artillerie, cavalerie, génie,

intendance et corps médical, ayant chacun un effectif
de 40,000 hommes, chiffre respectable entre les mains
d'un général de division, soit 250,000 hommes, envi-
ron, de véritable armée en campagne, montée au
complet et sous le commandement en chef d'un général la menant directement à l'attaque de nos frontières.
Le premier choc sur ce point, non compris Embrun,
pourra donc se faire à peu près, en nombre égal 250
mille contre 250 mille.

Forte en infanterie, mais très faible en cavalerie et
en artillerie montée, l'armée italienne ne pourra se
masser, au nombre de cinq à six cent mille combat-
tants, qu'une fois victorieuse et après avoir commencé
son premier mouvement d'invasion. Et, dans ce cas,
ce qui n'est pas une fausse crainte militaire, son alliée
pourrait bien, alors, par le St-Gothard, lui fournir la
cavalerie et l'artillerie suffisantes pour compléter la
formation du reste de sa nombreuse infanterie, en
corps d'armée pourvus de tous leurs éléments nécessaires, afin de lui faciliter l'attaque de la deuxième
ligne de nos défenses-frontières Mais, alors, en dedans de cette ligne, nos 250 mille combattants vaudront
plus que ses 600 mille hommes.

Supposons, maintenant, que, devant une pareille
attaque et, malgré le secours des cinq voies ferrées
venant concourir à la protection de la tête de cette
deuxième ligne de défenses-frontières *(lignes de Toulon à Nice, de Carnoules, du Central-Var, de
Castellane et de Hyères)*, les positions avancées de
l'Estérel viennent à tomber au pouvoir de l'ennemi, la
situation ne sera guère changée, car l'invasion se

trouvera, alors, en face de ces trois puissantes positions qui ont nom : Fayence, Tête de Roquebrune et Montagne au Sud de Bagnols comme intermédiaire, ayant, elle-même, l'invasion, toujours à craindre, du côté des Issembres, par le littoral, une irruption d'un corps d'armée, manœuvrant à l'abri du versant Sud des Maures et aidé par une coopération maritime formée dans le golfe de St-Tropez.

Supposons encore que ces trois formidables positions — ou mieux, n'en supposons que deux, car le Gibraltar restera toujours imprenable, — tombent entre les mains de l'ennemi, celui-ci pourra s'avancer jusque vers Gonfaron et deviendra maître de la partie centrale du Var, sans jamais pouvoir entamer le versant Sud des Maures.

Que fera-t-il ?

Osera-t-il avancer, par le Central-Var et par le chemin de fer de Castellane, dans le cœur de la Provence ? Le bon sens stratégique dit : non. Car, tant que Toulon pourra allonger son bras puissant, par Cogolin, jusqu'aux plaines de Fréjus, la position de l'ennemi sera très périlleuse. Celui-ci se verra obligé d'attaquer un à un ces points culminants des Maures capables d'épuiser trois fois plus de forces que celles que tient l'invasion à sa disposition. C'est alors que, menacé sur son front par Toulon relié à Carnoules, sur sa gauche par les culminations des Maures et sur ses derrières par l'échappée des Issembres, l'ennemi restera sous le coup d'un péril, s'il ose un peu trop avancer, qui, au moindre échec un peu sérieux, peut lui faire éprouver un désastre irréparable.

Voilà, donc, l'ennemi victorieux aux prises avec les plus grandes difficultés qu'il n'a pas encore rencontrées, malgré, même, que Fayence et les autres défenses soient tombées en son pouvoir, ainsi que tout le Nord et la partie centrale du Var.

Ou il attaquera les altitudes des Maures et, alors, il entreprendra un travail de géant et très-dangereux, où il s'épuisera certainement ;

Ou il les laissera momentanément de côté pour s'acharner sur le front de Carnoules et sur les forts du Nord, entre ce village et Toulon, lesquels protègent à partir de Carnoules, le chemin de fer de Toulon jusqu'à Solliès-Farlède, ainsi que les pentes occidentales des Maures, jusqu'à la zône de protection de Coudon, le fort le plus avancé de Toulon, vers l'Est.

Mais, alors, le nombre d'hommes qu'il sera obligé d'immobiliser tout le long des Maures, depuis Fréjus jusqu'à Gonfaron, pour parer à toutes les attaques de son flanc gauche par une armée libre de ses mouvements, faisant irruption par tous les passages de la dite chaîne des Maures, avec la facilité du choix du moment et de l'avantage du terrain, ce nombre d'hommes immobilisés, dis-je, l'affaiblira tellement pour son attaque de front sur Carnoules et vers Toulon, qu'il n'osera rien entreprendre avec assurance, et, s'il veut, par contraire, jouer un de ces coups hardis et audacieux que tentent souvent les hommes téméraires, en dégarnissant la protection de ses flancs, aussi bien de gauche que de droite (car il ne faut pas oublier que le corps d'armée des environs d'Embrun veille), sa situation deviendra, alors, très-périlleuse;

car nous pourrons lui infliger une rude défaite, que nous compléterons en désastre, dans les plaines de Fréjus, où nous pourrons toujours le précéder par notre liberté de mouvements sur le littoral, et ces plaines pourront bien se transformer en un vaste ossuaire que l'histoire devra appeler : *Les champs catalauniens de la témérité italienne.*

Mais, au lieu de nous bercer d'un pareil résultat, conservons notre pessimisme et supposons encore que, le malheur s'acharnant après nous, la voie de Carnoules tombe encore au pouvoir de l'ennemi et que celui-ci puisse venir, alors, après s'être rendu maître des défenses échelonnées jusqu'à Coudon, se jeter sur le chemin de fer d'Hyères à Fréjus, vers les Salins d'Hyères, le couper et séparer la résistance en deux parties : La zone de Toulon et la zone centrale du versant Sud des Maures.

Il lui faudra, pour se maintenir dans une pareille situation, plus que de l'audace, plus que de la témérité, mais bien de la folie, et, s'il réussit, l'on pourra bien lui appliquer la règle de Lhomond : *Felicior quàm prudentior.*

Pour mener de front les deux attaques, cela est impossible. C'est alors que, tout en se gardant contre la répulsion venant de Toulon, il attaquera de toutes parts cette partie de la résistance cantonnée dans le centre du versant méridional des Maures. Ce travail sera long, pénible, dangereux et hérisssé de tant de difficultés, qu'après s'en être emparé (si jamais il y parvient, supposition presque impossible), il se trouvera assurément plus épuisé que nous, les vaincus,

que je suppose également battus sur mer, pour lui
faciliter les opérations de cette immense circonvallation depuis Fréjus jusqu'aux Salins d'Hyères, étrei-
gnant une armée séparée de toute communication.
Tandis que, si le ravitaillement toujours se fait par
mer, oh ! alors, ce sera autre chose : nulle crainte !

Cependant, soyons pessimistes jusqu'au bout et
admettons le versant Sud des Maures au pouvoir de
l'ennemi :

L'invasion va, alors, se trouver en face de Toulon,
avec la liberté de pouvoir s'enfoncer un peu, mais
avec beaucoup de précaution, cependant, dans le cœur
de la Provence.

Mais elle se trouvera tellement affaiblie qu'elle ne
pourra l'investir avec sécurité.

Le tout se jouera, donc, dans ce suprême et terrible assaut livré contre ce formidable rempart.

Hé bien ! après tant de luttes, tant d'efforts et tant de
sacrifices, éprouvés de part et d'autres, je n'hésite pas
un seul instant, après avoir admis que la fortune ne
veuille, même, pas volontairement se séparer de notre
ennemi, à déclarer que, là, nous la forcerons violem-
ment à abandonner son favori, que nous épuiserons
tellement qu'il sera, le premier, à proposer la paix,
une paix aussi honorable pour l'un que pour l'autre,
en face d'une lutte qui peut se perpétuer des années,
toujours sous la menace d'un échec devant infailliblement se traduire en désastre, par suite de ce successif
et constant affaiblissement où se trouvera l'Italie,
conséquence d'une lutte poussée au paroxysme de la
résistance d'un pays ayant pris pour devise : *Potiùs
mori quàm cedere.*

Qu'un autre, aussi dévoué à sa patrie et mû par un sentiment égal, préconise un système similaire de défense, du côté du Rhin. Sans vouloir faire preuve de prétention, je pourrai dire à celui-là, si nous sommes assez heureux d'être écoutés :

« *Reposons-nous. Pour le moment, nous avons fait notre devoir.* »

Mais si l'indifférence ou le mauvais vouloir semblent devoir ne pas en tenir compte, combattons, avec énergie, pour ce que nous croyons être la conséquence d'une conviction sincère, montons à l'assaut de toutes les difficultés, mitraillons toutes les échappatoires plus ou moins astucieuses et canonnons, surtout, le ministère des finances jusqu'à ce qu'il ait capitulé et rendu la place, avec la caisse, bien entendu, dans laquelle nous lui promettons, d'avance, que nous ne prendrons que le nécessaire, et, en ce qui me concerne, je m'engage à ne lui soustraire que *cent millions.* Après quoi nous ferons une paix sincère et amicale, par l'intermédiaire du ministère de la guerre, auquel nous remettrons intégralement la somme soustraite, ne lui demandant, pour toute récompense, qu'un *franc merci,* heureux et fiers de ce que notre conscience appellera :

« Le devoir accompli. »

FIN.

OBSERVATIONS PARTICULIÈRES

SUR L'AVENIR DU GOLFE DE SAINT-TROPEZ.

La construction d'une ville sur la partie Nord du golfe de Saint-Tropez doit inévitablement transformer ce pays. Sur mes instances, un sérieux et clairvoyant ingénieur, M. E. Piat, en a pris l'initiative, avec une résolution opiniâtre. Si le projet aboutit, ce que j'espère, j'en serai bien heureux. Ce résultat, que les populations du golfe attendent avec une fébrile impatience, rendra l'exploitation du chemin de fer de Cogolin très-lucrative. Malheureusement les prétentions des propriétaires excitées par la spéculation sont déjà excessives et pourraient bien devenir des obstacles.

Dans une dizaine d'années, une très-grande agglomération se sera condensée sur toutes les parties qui avoisinent ce golfe, dont l'avenir n'est plus douteux, avec un chemin de fer, et, alors, le projet de relier le cap Croisette à Saint-Tropez deviendra une chose simple et rationnelle.

Au point de vue de la marine militaire, ce travail aura un effet très-avantageux, tout en abritant, au point de vue industriel et commercial, une grande surface d'eau tranquille, avec un long développement de rivage, principalement vers Saint-Tropez, où de grands chantiers et de forts ateliers bien outillés apporteront une nouvelle vie pleine d'avenir et de sécurité.

Mais, alors, en plus de ce qui a été reconnu nécessaire pour mettre à l'abri le versant Sud des Maures, il conviendra de protéger spécialement cette position particulière :

Deux forts, l'un sur la montagne de Suanne, près de Sainte-Maxime, l'autre, sur le sommet de la montagne de Saint-Pierre, près de Grimaud, défendront la ville nouvelle de toute attaque de l'ennemi, lors même qu'il aurait franchi les cols ou défilés des Maures, et protégeront le golfe avec des pièces à longue portée.

De plus, le côté opposé, Sud, du golfe, sur lequel est bâti Saint-Tropez, devra être protégé par un fort de commandement situé sur le point le plus élevé des environs, appelé : Paillas, ayant sous sa protection deux redoutes situées, l'une, sur la partie la plus au Nord de la montagne de Gassin, dominant la plaine, la route et le fond du golfe, l'autre, plus vers Saint-Tropez, au-dessus de Berthaud, sur une éminence de moindre élévation que la précédente, triangle terrible et foudroyant, dont les feux défendront toute approche de l'ennemi sur la presqu'île que forme la côte, en tirant une ligne qui partirait du fond du golfe et se dirigerait sur la plage de Cavalaire, à l'endroit dit : Le Vergeron..

La citadelle de Saint-Tropez aidant, il faudrait de

bien grands efforts pour s'emparer de ce port, qu'on pourrait considérer comme imprenable, surtout si quelques navires cuirassés, embossés dans le fond du golfe, portaient la dévastation jusqu'au delà de Cogolin et de Grimaud.

Un fort sur les Pradels compléterait la défense de la vallée de la Molle et protègerait les environs du golfe de Saint-Tropez, ainsi que la baie de Cavalaire.

Je n'ajoute ces observations complémentaires que parce que j'espère qu'il sera tenu compte de la situation privilégiée du golfe de Saint-Tropez pouvant fournir les éléments d'un port annexe de Toulon, dont les avantages incontestables n'échapperont à personne, si le grand projet de la création d'une ville aboutit. Les dépenses qu'occasionneraient ces travaux seraient en dehors des *Cent Millions* déjà estimés.

FIN.

LA GUERRE DE REVANCHE

OU

LES PETITS CANONS DE PLOMBIÈRES-LES-EAUX.

PROLOGUE.

J'ai grandi, j'ai vécu, toujours dans la douleur,
Depuis que des Français, courbés, par la frayeur,
Sous le joug d'un despote, audacieux vainqueur,
Sont dans les mains de fer de Guillaume, empereur,
Ou, pour mieux dire vrai, de Bismarck, le lutteur.
Puissent tous les Français me suivre par le cœur
Et dire à mon canon : « Va, marche, n'aie pas peur ;
« Quand on est courageux, l'on sème la terreur ;
« Sois toujours sur affût aux frontières de France
« Et soutiens nos soldats avec cette fureur
« Qui fait rimer la « France » avec le mot « Revanche. »

1º.	2º.
Petit jouet d'enfant,	Sur les fonds baptismaux
Grandis modestement,	De Plombières-les-Eaux,
Sans être turbulent ;	Un grand nom, un cœur chaud,
Sois réservé, prudent,	Ton parrain, dit ce mot :
Docile, obéissant,	*Revanche !* Et aussitôt
Pour, quand tu seras grand,	Les cloches du hameau
Que tout prince Allemand	En portèrent l'écho
Te salue en tremblant.	Jusqu'au fond du tombeau
Et respecte la France.	Préparé pour la France.
Petit canon deviendra grand	*Petit canon, sur ton drapeau,*
Pour prendre sa revanche !	*Gambetta mit : Revanche !*

3°.

Vois ce génie aimé,
Ce patriote armé,
Qui, sans être guerrier
Et sans combat meurtrier,
Prenant dans son filet
Belfort, par un traité,
Sut si bien liquider
Les milliards à payer
Aux Prussiens par la France.
Petit canon, c'est Thiers, rusé,
Préparant la Revanche !

4°.

Souviens-toi qu'un larron,
Un vil Napoléon,
Gueux de profession,
Prince d'occasion,
Joua la Nation
Pour son ambition.
De Sédan, triste nom,
Sois toujours sans pardon,
Pour l'honneur de la France.
Petit canon, par ce capon,
Commence ta Revanche !

5°.

Pense à Metz ! Quels frissons,
Quand on songe aux canons
Qu'un Bazaine-félon
Livra, comme un poltron,
Au général Teuton.
Devant cette leçon,
Rejette les fripons,
Prends des chefs francs et bons
Pour délivrer la France.
Petit canon, Para bellum,
Si tu veux la Revanche !

6°.

Pour n'être point secret
Sur ton noble projet,
N'en sois pas moins discret,
Calme, fort, toujours prêt.
A Belfort, au Honneck,
Veille bien, fais le guet,
Afin de déloger,
Hors du Rhin, l'étranger,
Qui souille notre France.
Petit canon, Belfort gardé
T'assure la Revanche !

7°.

Et puis, sans oublier
Qu'il pourrait s'allier,
Il te faut surveiller
L'Italie — et veiller
Son pervers conseiller
Qui la fait nous railler.
Toulon fortifié
Doit être relié
Aux frontières de France
Petit canon, il faut penser
A tout pour la Revanche !

8°.

Des Vosges, cher ami,
Reste l'enfant chéri,
Car, dans ton bon pays,
Riches, grands et petits,
Tout le monde est inscrit
Pour répondre à ton cri.
Va droit à l'ennemi
Sans crainte, sans souci ;
Derrière toi... La France !
Petit canon, aime Nancy,
Là, l'enfant dit : Revanche !

9º.

Et quand ta voix d'airain
Du champ républicain
Portera les refrains
Aux Alsaciens-Lorrains,
Nos fils, sois-en certain,
Braves, le fer en main,
Sauront bien mettre fin
A ce mauvais destin
Qui pèse sur la France.
Petit canon, chaque matin,
Sois prêt pour la Revanche !

10º.

Ta force, en grandissant,
Te rendra plus clément
Et, vainqueur, ne reprends
Que tes départements,
Pour que les Allemands
Disent, reconnaissants :
« C'est la guerre aux tyrans,
« Et non à nos enfants,
« Que nous a fait la France. »
Petit canon, ces sentiments
Guideront la Revanche !

11º.

Victorieux, sois grand,
Généreux, indulgent,
En ne pas confondant
Ce bon peuple Allemand
Avec ces intrigants,
Ces rois, ces conquérants
Qui, malgré leurs serments
Et nos cris déchirants,
Ont démembré la France.
Petit canon, oh ! sur ces gens
Sans pitié la Revanche !

12º.

Sans pitié, sur ces gens,
Que des soudards sanglants,
Des prétoriens rampants
Et des sabreurs bruyants
Font despotes, tyrans !
Sur leurs débris fumants,
Les peuples triomphants
Inscriront : « Châtiments
« Infligés par la France. »
Petit canon, plonge en leurs flancs
Le fer de la Revanche !

13º.

Espérons, cependant,
Qu'instruit par le présent,
En bien réfléchissant
A ce coup de Sédan
Jetant les rois aux vents,
Ayant fini leurs temps,
L'empereur Allemand
Rendra loyalement
Nos frères à la France.
Petit canon, en acceptant,
Renonce à la Revanche !

14º.

Alors vivront en paix
Les Germains, les Français,
Oubliant ces passés
Dont ils se sont lassés.
Puissent ces vers mauvais
Donner des fruits parfaits
Et faire s'arranger,
Au lieu de s'égorger,
L'Allemagne et la France.
Petit canon, devant ce fait,
Disparaît la Revanche !

15°.

Instrument devenu
Un objet superflu,
Tu ne serviras plus,
Avec tes sons aigus
De cris de joie accrus,
Qu'à fêter, en saluts,
Sans boulets, sans obus,
Nos frères revenus
Dans leur très-chère France.
Petit canon, ne parle plus
Jamais de la Revanche !

16°.

Mais, si, contrairement
A ce beau sentiment,
Tu vois l'entêtement
Devenir menaçant,
Oh ! montre-toi géant
Et dis à chaque enfant,
Dans ses amusements,
Ces mots si rassurants
Pour notre belle France :
Mes bons enfants, nous voilà grands ;
La mort ou la Revanche !

ÉPILOGUE.

Mon âme a débordé dans ces vers où l'ardeur,
Faible par le talent, mais forte par le cœur,
S'éprend pour la Patrie, avec cette vigueur
Que ne comporte pas, vu son manque d'ampleur,
La rime féminine ayant trop de tiédeur.
Quand on écrit : Revanche ! Il faut pour sa grandeur,
Faire monorimer en Ant, en In, en Eur,
Comme fait l'harmonie : — On — du canon vengeur,
Dont les sourds grondements reformeront « la France »
Cette « Franche » Euphonique et qu'on peut, sans erreur,
Faire, pour cette fois, rimer avec « Revanche ».

Ile de la Réunion (aux eaux thermales de Cilaos), le 1ᵉʳ mai 1877.

BARLE,

Capitaine au long-cours, commandant le vapeur *Touareg*, de MM. Roux
de Fraissinet, de Marseille, en station à Madagascar.

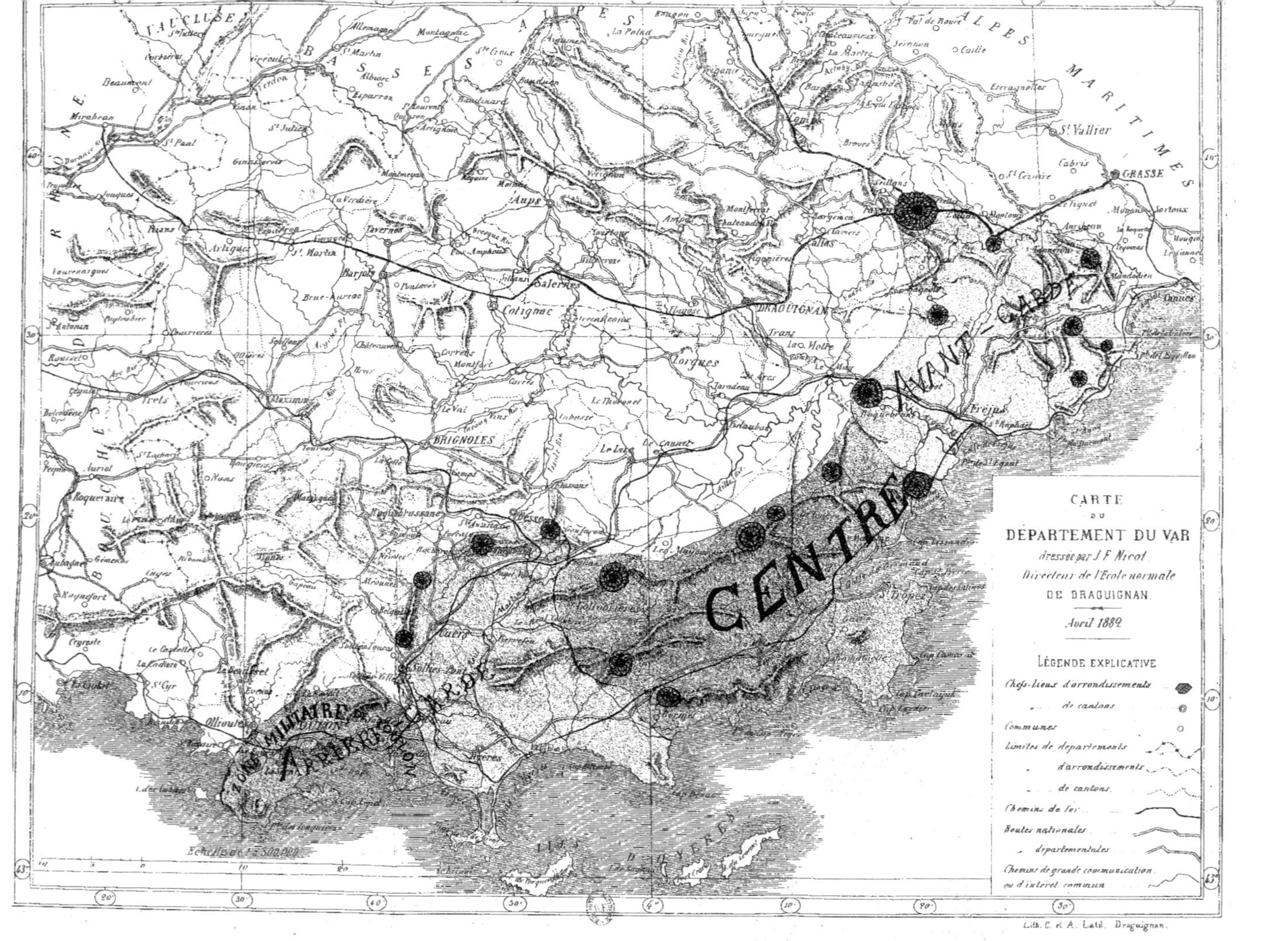

CARTE
DU
DÉPARTEMENT DU VAR
dressée par J. F. Nicot
Directeur de l'École normale
DE DRAGUIGNAN
Avril 1882
LÉGENDE EXPLICATIVE
Chefs-lieux d'arrondissements
de cantons
Communes
Limites de départements
d'arrondissements
de cantons
Chemins de fer
Routes nationales
départementales
Chemins de grande communication ou d'intérêt commun
Échelle de 1:500 000
Lith. C. et A. Latil. Draguignan.
VAUCLUSE
BASSES ALPES
ALPES MARITIMES
RHONE
BOUCHES DU RHONE
CENTRE
AVANT-GARDE
ZONE MILITAIRE ARRIÈRE-GARDE
GRASSE
St Vallier
DRAGUIGNAN
BRIGNOLES
Aups
Lorgues
Cotignac
Barjols
Salernes
Fréjus
Hyères
Toulon
Ollioules
ILES D'HYÈRES

www.ingramcontent.com/pod-product-compliance
Lightning Source LLC
Chambersburg PA
CBHW071338030726
47594CB00002B/680